JN096109

地域福祉の課題と展望

斉藤弥生・小松理佐子

地域福祉の課題と展望（'22）

装丁・ブックデザイン：畑中　猛

s-25

まえがき

2018年に『地域福祉の現状と課題』を刊行してから，早4年になります。この印刷教材による放送大学講座『地域福祉の現状と課題』(2018－2021年）は，多くの学生の皆さんに履修していただきました。受講生の皆さんから温かいメッセージが届くこともあり，担当者としてとても嬉しく思っています。

2022年4月からはこれに続き，『地域福祉の課題と展望』が開講されることになりました。前作から4年後の地域福祉の現状を描こうと，5人の執筆者で本書を作成しました。2010年代終盤には社会福祉法改正や地域福祉に関係する法律や制度が次々と施行され，地域福祉にはますます大きな期待が集まっています。

しかしそれ以上に，大きな出来事は，新型コロナウイルス感染症の世界的なパンデミックでした。2020年1月に，中国の湖北省武漢市で新型コロナウイルス感染症の事例が報告され，その1か月後に世界保健機関（WHO）はその危機を踏まえ「国際的に懸念される公衆衛生上の緊急事態」に該当すると発表しました。その後，日本でも感染拡大が始まり，緊急事態宣言が何度も発令されました。世界で2億4,000万人の感染者，500万人の死者（2021年10月末）という，誰も予想しなかった非常事態に見舞われました。医療の最前線で働く医療職，障がいのある人や要介護高齢者を地域で支える福祉職や介護職は命がけで職務に従事し続け，命を失う方もありました。医療や福祉分野の専門職の貢献は計り知れません。

地域福祉とは，誰と，どこで，どのようにして，福祉社会を築いていくかを問う研究分野です。他人と会うこと自体がリスクとなる感染症の拡大は，人のつながりを求める地域福祉にも大きな打撃を与えました。緊急事態宣言のもと，多くの地域福祉活動は余儀なく停止されました。しかしそのような状況下でも，古布でマスクをつくり，マスク不足の介護施設や高齢者に届ける活動，一人暮らしの高齢者を対象に安否確認の電話をする見守り活動等がありました。「(感染症を）正しく恐れる」を合言葉に，正しい知識をもち，感染防止策を徹底して地域福祉活動を継続している地域もあります。新型コロナウイルス感染症のパンデミックは地域福祉のレジリエンス（回復力，適応力）を試しているようでもあります。

本書では地域福祉の考え方とその歴史，全国各地のさまざまな地域福祉実践や活動を具体的に紹介しながら，「見える地域福祉」を念頭に各章を執筆しています。地域福祉は，言葉だけではわかりにくいという悩ましい構図をもっています。先進事例をもつ地域では，地域福祉活動がすでに日常生活となっていて，その活動自体が地域福祉と認識されていないことがあります。その一方で，人のつながりが希薄な地域では，人々は地域福祉に関わった経験がなく，地域福祉の意味やそれが社会に与える効果を知らず，理解が難しいという事情があります。

そこで，受講生の皆さんに地域福祉の理解を深めていただくために，本書はもちろん，放送教材にも全国各地で展開される多くの実践と活動の実例を盛り込みました。本書での学びをきっかけに，受講生の皆さんが地域福祉についての理解を深め，そして，皆さんが暮らしている地域で取り組まれる地域福祉に少しでも関心をもっていただけることを願っています。

本書で引用している文献や資料は，各章末にある参考文献，参考資料に掲載していますが，教材という性質上，受講生の皆さんに読みやすくするため，文中への記載を最小限にしておりますことをご了承ください。

最後になりましたが，全国各地の地域福祉実践と活動に取り組む皆様，社会福祉協議会，民生委員・児童委員，協同組合，NPO，ボランティア，自治会等，関係の皆様には，コロナ禍にもかかわらず，本書の作成にあたり，多大なご協力をいただきました。惜しみない援助をくださった皆様に心からお礼を申し上げます。また新型コロナウイルス感染症の最前線で働く医療や福祉従事者の皆様に改めて敬意を表し，１日も早く，感染拡大が収束し，日常を取り戻すことができるよう願わずにはいられません。

2021年12月

斉藤弥生・小松理佐子

目次

1　地域福祉の視点と考え方

斉藤弥生

《本章のポイント》 2000年社会福祉法では，法律に初めて地域福祉という語が明記された。しかし戦前の民間福祉事業を入れると，日本の地域福祉実践は100年を超える歴史をもつ人々の生活を守る営みであり，戦後，その理論化が進められてきた。本章では地域福祉を学ぶにあたり，その概念の誕生と発展，また福祉国家の変容や災害多発社会といった新たな条件のもとでの地域福祉の考え方を紹介する。

《キーワード》 社会福祉法，生活課題，地域福祉概念，地域福祉理論，「地域福祉の主流化」現象，地域組織化，重層的圏域，住民の主体化

1．地域福祉とは何か

（1） 社会福祉法にみる「地域福祉」の規定

2000年社会福祉法改正（旧社会福祉事業法）では，法律に初めて地域福祉という語が明記された。法律で地域福祉は**「地域における社会福祉」**と説明され（第１条），「地域住民，社会福祉を目的とする事業を経営する者及び社会福祉に関する活動を行う者は地域福祉の推進に努めなければならない」（第４条）と記されている（図１－１）。同時に市町村は地域福祉計画，都道府県は地域福祉支援計画を策定することが推奨されたが，2017年社会福祉法改正では，それぞれの自治体に計画づくりの努力義務が課せられた。21世紀に入り，**社会福祉法において地域福祉の推進が明文化**されたことは，地域福祉概念を巡る議論や全国各地で展開

（目的）
第１条　この法律は，社会福祉を目的とする事業の全分野における共通的基本事項を定め，社会福祉を目的とする他の法律と相まつて，福祉サービスの利用者の利益の保護及び**地域における社会福祉（以下「地域福祉」という。）の推進を図る**とともに，社会福祉事業の公明かつ適正な実施の確保及び社会福祉を目的とする事業の健全な発達を図り，もつて社会福祉の増進に資することを目的とする。

（地域福祉の推進）
第４条　地域住民，社会福祉を目的とする事業を経営する者及び社会福祉に関する活動を行う者は，**相互に協力し，福祉サービスを必要とする地域住民が地域社会を構成する一員として日常生活を営み，社会，経済，文化その他あらゆる分野の活動に参加する**機会が与えられるように，**地域福祉の推進に努めなければならない**。

（下線と太字は筆者による）

図１－１　社会福祉法における「地域福祉」の規定

される地域福祉実践に対する積極的な評価であり，日本の社会福祉の歴史からみても画期的なことであった。

その一方で，地域福祉には戦前の民間福祉事業も入れると100年を超える実践の歴史がある上に，これまでにも数多くの研究者による研究と議論の蓄積があることを忘れてはならない。社会福祉法上の地域福祉の定義は必ずしもそれらをすべて網羅しているとはいえず，そこが地域福祉はわかりにくい概念といわれるゆえんでもある。

（２）　地域福祉概念のルーツと変遷

戦後，日本の「社会福祉」は，その理論，政策，方法の多くが欧米から導入された。それに対して「地域福祉」は，社会福祉における新しい考え方であり，サービス提供と支援の新しいしくみである。地域福祉はイギリスのシーボーム報告（1968）（詳細は11章），アメリカのコミュニティ・オーガニゼーション，コミュニティ・プラクティスなどの海外の取り組みの影響を受けながらも，日本の各地域における実践や活動を踏まえて，自ら生成，発展してきた**“国産”概念**ともいわれている。

人々の暮らしを守るため，第二次世界大戦後の混乱期に求められたのは，社会福祉事業を実施するための法整備であったが，日本には戦前から続く**民間社会福祉事業**（相互扶助，社会館・隣保館の活動，セツルメント運動〔民間の人たちが困窮する地域に住み，貧困に苦しむ人たちと共に生活の改善を目指す運動〕，方面委員〔現・民生委員の前身〕活動等）があり，それらは日本の地域福祉実践のルーツとみることができる（詳細は２章）。戦後の地域社会においては，それらの活動をいかに民主的に継続，展開させていくかが重要な課題であった。

また「地域福祉」という語が使用された初期の事例として，1951年の共同募金のポスターには「地域福祉」という言葉が記されている（詳細は２章）。ここで使われた「地域福祉」は，どちらかというと農村地域社会の福祉増進を図ろうとする概念でもあった。

社会福祉事業法（1951年）により**中央社会福祉協議会**（全国社会福祉協議会の前身）が設立され，社会福祉協議会には**「民主主義に立脚した社会福祉事業の推進と発達」**，また**「地域社会それ自体の民主化」**（牧 1953）のための働きが期待された。このような戦後の時代の潮流の中で「地域福祉」という言葉が使用されるようになり，1960年代半ば頃からは都道府県社会福祉協議会や市町村社会福祉協議会（1983年法制化）を中心に「地域福祉」という用語が使われるようになり，次第に定着していった。

（3） 地域福祉理論の研究

地域福祉の理論研究は1960年代に始まり，1970年代には本格的な研究が報告された。牧賢一，岡村重夫，重田真一，阿部志郎，三浦文夫，永田幹夫，右田紀久恵，岡本榮一，井岡勉，鈴木五郎らにより地域福祉の理論研究が進められた。東京都社会福祉協議会により「東京都におけるコミュニティケアの進展について」(1969年)，中央社会福祉審議会「コミュニティ形成と社会福祉」(1971年）が答申され，この時期は，**コミュニティ形成**と**コミュニティケア論**が理論的かつ政策的にも注目された時代であった。

① 地域福祉論の源流

岡村重夫（1974）は地域福祉を体系的に論述し，今日の地域福祉研究につながる理論形成に，また日本の地域福祉推進にも多大な影響を与えた研究者である。岡村の地域福祉論は，社会福祉の援助対象者が「劣等処遇の原則」のもと，普通の近隣関係や人間的欲求が認められていない現状を指摘した上で，地域社会や家族から隔離された状況で施される**従来の社会福祉に対する批判的論考**に始まる。

岡村（1974）は，地域福祉概念を構成する3つの要素として，1）**コミュニティ・ケア**，2）**一般地域組織化／福祉組織化**，3）**予防的社会福祉**をあげた（図1－2)。コミュニティ・ケアは，地域で暮らす社会福祉の対象者が施設並みのサービスを得られるべきとする「処遇公平の原則」実現のためのそれぞれが必要とする社会サービスの提供があることを指す。一般地域組織化／福祉組織化は，コミュニティ・ケアを可能にする新しい地域社会構造としてのコミュニティづくり，福祉活動の組織化，仲間づくりを指す。予防的社会福祉とは，地域の中で個人の社会関係を維持することで生活困難の発生を防ぐことを意味する。

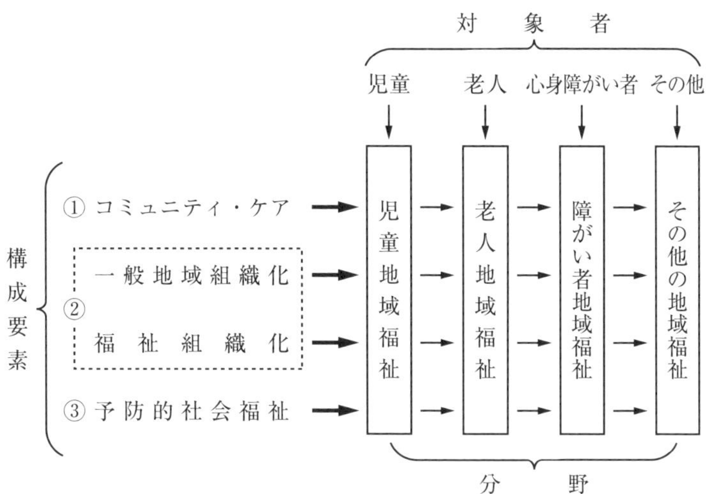

（注）数字と点線枠は加筆
出所：岡村（1974）

図１−２　岡村理論による地域福祉概念を構成する３つの要素

「従来の社会福祉サービスは，この生活問題発生の場所であり，根源でもある地域社会を無視して，これから離れたところでなされる傾向があった。それは問題発生の直接の原因としての地域社会や家族の生活状況を無視するものであるから，決して真の問題の解決でも，『治療』でもない。もし問題の徹底的解決をめざすのであれば，対象者個人に対する援助と同時に，**問題発生の根源である地域社会の社会構造や社会関係の欠陥に迫るような福祉活動が必要**となる」とし，**地域福祉は高次の社会福祉概念**としての新しい接近法であると述べている（岡村 1974）。

その後，岡村は1981年に地域福祉計画の策定を目指して大阪府が設置した「地域福祉の推進に関する調査・研究委員会」で委員長を務め，その報告書では，１)地域を日常生活圏域（および専門サービスの利用圏）

としての単位に捉え直し，これを基盤に，2）生活問題を抱える当事者・住民を生活の主体者として認識して当事者・住民の自立と連帯を形成し，3）在宅福祉サービスや施設福祉サービス，その他各種の生活関連施策や制度をニーズに即して整備，再編成し，4）当事者・住民を主体に公私の機関・団体・施設間のネットワークを確立して，地域社会が全体として生活問題の発生を予防し，早期に解決できるような体制をつくること，と記し，当時の大阪府の地域福祉計画（詳細は12章）に地域福祉概念を盛り込むべく尽力した。地域福祉計画の策定が社会福祉法（2000）に盛り込まれる約20年前のことである。

当時の日本では在宅福祉政策が注目されるようになったが，岡村はそれと地域福祉概念との違いを明確に述べている。「地域福祉とは，『地域社会による福祉』であって，単に『地域社会における福祉』でもないし，『地域社会を配慮する福祉』でもない。**地域福祉は，地域社会自身の構造を改め，住民の生活問題と住民自身の努力によって解決できるように援助する新しい試み**であり，世界的には**「共同社会開発」（community development）**として広く知られたものである」（岡村 1997）。

②　自治型地域福祉論と主体形成型地域福祉論

今日の地方分権，地域内分権の流れを踏まえた地域福祉実践の根拠づけは，岡村理論の流れをくむ**右田紀久恵**（1993，2005）の**自治型地域福祉論**と**大橋謙策**（1999）の**主体形成型地域福祉論**に求めることができる。

右田（1993，2005）は，「地域福祉は，あらたな質の地域社会を形成してゆく内発性を基本要件とするところに『地域の福祉』との差がある。この内発性は個レベルと，その総体としての地域社会レベルの両者を含み，この両者を主体として認識するところに地域福祉固有の意味がある」と論じ，**地域社会を形成する内発性を地域福祉の基本要件**としている（右田 1993）。さらに右田は，生活権と生活圏を基盤とする一定の地域社会において，経済社会条件に規定されて，地域住民が担わされてきた生活課題を，**生活原則・権利原則・住民主体原則**に立脚して，軽減し除去し，または発生を予防し，労働者・地域住民の主体的生活全般に関わる水準を保障し，より高めるための社会的施策と方法の総体が地域福祉であるとする。具体的には，労働者や地域住民の生活保障と，個としての社会的自己実現を目的とする**公私の制度やサービス体系**と，**地域福祉計画・地域組織化・住民運動**を地域福祉の基礎要件と位置づける。

また，大橋（1999）は岡村理論の流れを**援助機能との関連で再構築**し，コミュニティケアという支援を必要とする個々人に対する個別の支援機能を地域福祉の中核的な概念として位置づける。問題解決のために，**ソーシャル・サポート・ネットワークづくり**や，課題を抱えた人々を中心において，彼らを地域社会から排除せず，「求めと必要と合意」という手続きを通して，**地域自立生活支援**を，**本人参加で総合的に展開**しようとするシステムとして市区町村という圏域で形成しようとする。

地域福祉推進には小地域から市域という各々の圏域における活動が重要である。図1-3は地域福祉が展開される**重層的な圏域**を示したものである。地域福祉の展開には，自治体による福祉サービスのシステム化と，住民主体による小地域における活動が重要となる。

さらに大橋（1999）は，地域を基盤とした地域福祉計画を策定し，計画のもとでソーシャルワークが展開できるよう，1）**政策主体，計画主体の形成**，2）**地域福祉実践主体の形成**，3）**サービス利用主体の形成**など，重層的に関わりながらのそれぞれの主体形成の必要性を説いている。大橋による主体形成型地域福祉論は**コミュニティソーシャルワーク**という機能（詳細は5章）を用い，包括的な地域福祉実践を構想する主体形成を重視する。

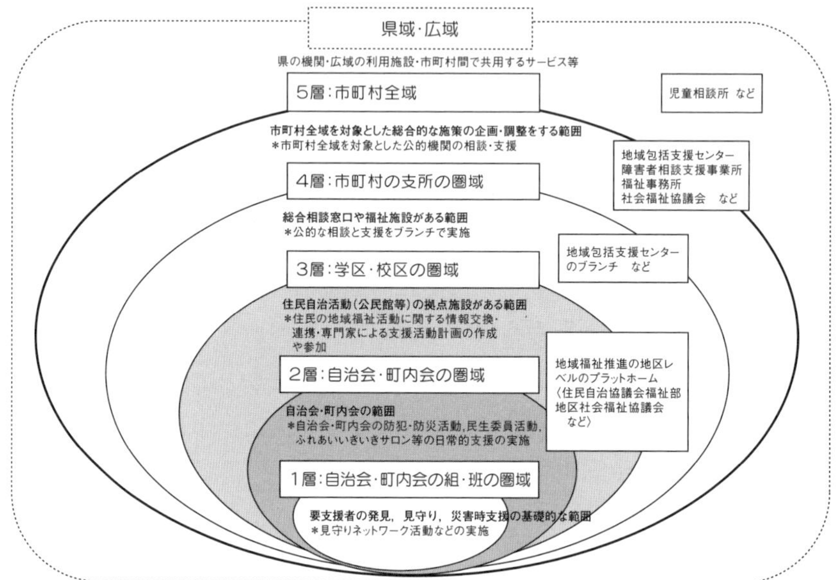

出所：これからの地域福祉のあり方に関する研究会（2008）

図1－3　地域福祉が展開される重層的な圏域設定のイメージ

（4）　「地域福祉の主流化」現象

1980年代半ば以降，地域社会において少子高齢化に伴うさまざまな問題が顕在化し，また障がい者の生活の場をめぐる議論では「**施設から地域へ**」という考え方が広まり，その流れは1980年代の部分的な福祉制度改革や**地方分権化**などを背景に，社会福祉関係八法の改正（1990年），社会福祉基礎構造改革（2000年）と続く。さらに介護保険法（2000年）施行，社会福祉事業法の改正による社会福祉法（2000年）の誕生は，**措置制度から契約制度への転換**を促し，**福祉供給システムの多元化**を生み出すというように，福祉政策は大転換を遂げた。この一連の流れは「**地域福祉の主流化」現象**（武川 2006）とも呼ばれる。

社会福祉の領域では，生活実態から生じる必要性（ニード）が近隣住民による支援を生み，それがきっかけとなって種々の公共サービスを生み出してきたという歴史がある。各地域における地域福祉実践の蓄積や必要性の認識と運動が成熟し，政策主体者にも影響を与えるようになり，制度化される場面も増えた。しかし，「地域福祉の主流化」は，社会福祉実践の内発的な発展を遂げたというよりはむしろ，「社会福祉だけでなく，現代日本の地方行政，地方自治，地域社会などに関係する諸問題が地域福祉の中に集約的に表現される事態」であり，「ローカルな水準において福祉国家と市民社会の関係を照らしだす鏡」として把握することに意味がある（武川 2006）。つまり，**社会福祉施策が展開される「場」が地域社会**に求められるようになったのである。

図１-４は武川（2019）による地域福祉の重層的発展を示す。1960～70年代に始まった**「地域組織化」**ではアメリカやイギリス等の海外の動向や政策の影響を受けつつ，社会福祉協議会による地域組織化，つまり，福祉活動の組織化や仲間づくりが追求された。この時代に前述の岡村理

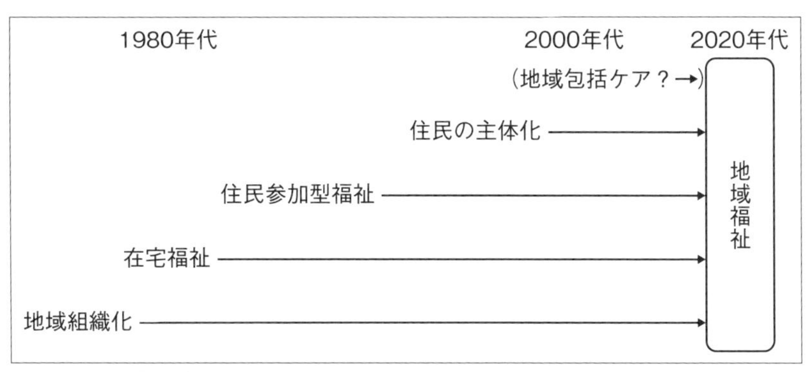

出所：武川（2020）

図１-４　地域福祉の重層的発展

論が発表され，地域組織化を強く後押しした。1980年代に始まった**「在宅福祉」**はイギリスのコミュニティケア（詳細は11章）の考え方の影響を受け，在宅福祉が地域福祉と混同される状況もみられた。1990年代前半に盛んになった**「住民参加型福祉」**では主に高齢者介護の領域でボランティア活動が生まれ，奨励された。1990年代後半の**「住民の主体化」**では右田の自治型地域福祉論，大橋の主体形成型地域福祉論がさまざまな地域福祉実践に取り入れられていく。

「地域組織化」「在宅福祉」「住民参加型福祉」「住民の主体化」という４つの流れが積み重なり，2000年代以降は地域包括ケアや地域共生社会への取り組み（詳細は11章）が始まり，2020年代の地域福祉につながっている。

2. 本書の構成

これまでみてきたように，地域福祉は，人々の活動と運動，そして政策動向の影響を受けながらつくられていく**“形成概念”**である。本書では地域福祉を次のように定義したい。**地域福祉とは「地域社会の中で，家族や近隣の人びと，知人，友人などとの社会関係を保ち，自らの能力を最大限に発揮し，誰もが自分らしく，誇りをもって，家族および地域社会の一員として，普通の生活，暮らしを送ることができるような状態を創っていくこと」**（上野谷・斉藤 2018）である。そしてその構成要素は，第１に必要な福祉サービスの提供，第２に住民参加，第３にコミュニティづくり，第４に仲間づくりと考える（同上）。

本書は大きく５つのパートで構成されている。

まず**第１部では，地域福祉の考え方と担い手に焦点**をあてる。地域福祉を築いてきた先人たちの思想や活動について，また今日につながる民生委員制度，老人ホーム（当時は養老院），児童養護施設（当時は孤児院）の先駆的活動や社会福祉協議会の成り立ちについて学ぶ（２章「地域福祉の先駆け」)。「地域福祉は，福祉教育に始まり，福祉教育に終わる」といわれ，地域福祉はボランティア精神をもつ住民や専門職，社会貢献を目指す機関，団体，企業などの協働によって創造される。地域福祉の主体となるステークホルダー（関係者）同士の対話と学び，そして人材の養成と研究も必要となるが，その構造について今日の課題を通じて学んでいく（３章「地域福祉の担い手―ボランティア活動・福祉教育と専門職養成」)。

第２部では，地域福祉の基盤となる地域福祉実践について学ぶ。まず主体となる住民に焦点をあて，多様な実践をみながら住民主体，住民参加という基本理念について学んでいく（４章「地域福祉の実践に学ぶ―住民・市民活動」)。また住民福祉活動の支援や，地域ケア，地域自立生活支援を行う福祉専門職の役割の重要性について議論する（５章「地域福祉の実践に学ぶ―社会福祉専門職の実践」)。さらに，地域福祉の基盤づくりとして,「小地域福祉活動」を紹介し，身近な地域での福祉のまちづくり活動の意義を学ぶ（６章「小地域福祉活動とまちづくり」)。

第３部では，異なる地域特性にみる地域福祉の課題を考える。1995年の阪神・淡路大震災以降，地震やその他の自然災害への対応も地域福祉の重要課題となってきた。災害多発社会における地域福祉のあり方，行政，市民，ボランティアの役割を学ぶ（７章「災害と地域福祉」)。中山間地域を中心に人口減少と高齢化が同時に進行し，共同体が担ってきた活動の継続が困難な地域が増加している。また都市部では従来から人のつながりの希薄化が指摘されてきたが，それに加え，集合団地などの局地的な高齢化の進行や中心市街地の過疎化などの課題もある。またそれらの課題に取り組む実践をみながら，地域で異なる地域福祉の課題を学ぶ（8章「中山間地域と地域福祉」，9章「都市と地域福祉」）。

第4部では，地域福祉とまちづくりを議論する。近年，都市部を中心に大きな社会的課題となっている子どもと子育て家庭の支援について，地域福祉の可能性を考える（10章「子ども・家庭と地域福祉」）。本人が望めば地域で最期まで安心して暮らせる社会を目指す，地域包括支援とは何かについて，地域福祉の視点から考える（11章「地域包括支援とは何か」）。さらに社会福祉法に基づく法定計画である地域福祉計画と社会福祉協議会による地域福祉活動計画に焦点をあて，計画策定の意義と効果を議論し，地域福祉における公民パートナーシップのあり方を考える（12章「地域福祉計画と地域福祉活動計画―地域住民と行政の協働のかたち」）。

第5部では，比較的新しいとされる地域福祉のテーマについて考える。生活上の困難を抱える人たち，障がいのある人たち，他国にルーツをもつ人たち等，「支援される側」とみなされがちな人たちを含むすべての人が主体となり，参加する地域福祉を目指す上での課題を考える（13章「新しい地域福祉の創造①―共生社会とダイバーシティ」）。また地域福祉の新たな担い手として期待される社会的企業について，その捉え方，活動の現状と課題について議論する（14章「新しい地域福祉の創造②―社会的企業という可能性」）。

最終章では，地域における生活困窮者支援の取り組みをはじめ，「制度の狭間（はざま）」にある課題解決等を通じてこれからの地域福祉の課題と展望を議論する（15章「地域福祉の課題と展望―複雑化・複合化する困難への挑戦」）。

なお，本書では「障害」「障がい」の表記について，法律や制度等の固有名詞では「障害」と表記し，それ以外については「障がい」と表記している。

◎学習課題◎

1．“形成概念”といわれる地域福祉の捉え方について，時代ごとにその展開をまとめよう。
2．「地域福祉の主流化」現象についてまとめよう。
3．地域福祉が展開される重層的な圏域について整理しまとめよう。
4．地域福祉の構成要素と定義についてまとめよう。
5．これからの学習を進めるにあたり，あなたにとって「地域」とはどのような存在か，考えてみよう。

参考文献

・牧賢一（1953）『社会福祉協議会読本』中央法規出版
・岡村重夫（1974）『社会福祉選書①地域福祉論』光生館
・岡村重夫（1997）「地域福祉と社協活動」大阪府社会福祉協議会『大阪の社会福祉』No.500
・大橋謙策（1999）『地域福祉論』放送大学教育振興会
・住谷磬・右田紀久恵編著（1973）『現代の地域福祉』法律文化社
・武川正吾（2006）『地域福祉の主流化―福祉国家と市民社会Ⅲ』法律文化社
・武川正吾（2019）「地域福祉の主流化その後―地域福祉と多文化共生社会」上野谷加代子編『共生社会創造におけるソーシャルワークの役割：地域福祉実践の挑戦』ミネルヴァ書房
・右田紀久恵編著（1993）『自治型地域福祉の展開』法律文化社
・右田紀久恵（2005）『自治型地域福祉の理論』ミネルヴァ書房
・上野谷加代子（2010）「地域福祉という考え方」上野谷加代子・松端克文・山縣文治編著『よくわかる地域福祉（第4版）』ミネルヴァ書房
・上野谷加代子監修・社団法人日本社会福祉士養成校協会編（2013）『災害ソーシャルワーク入門―被災地の実践知から学ぶ』
・上野谷加代子・斉藤弥生編著（2018）『地域福祉の現状と課題』放送大学教育振興会

参考資料

・これからの地域福祉のあり方に関する研究会報告書（2008）「地域における『新たな支えあい』を求めて―住民と行政の協働による新しい福祉―」

2 地域福祉の先駆け

小松理佐子

《本章のポイント》 地域福祉は，日本の地域社会の現実の中で発展してきた日本独自の概念であるといわれている。理論としての地域福祉が体系化されたのは1960年代後半から70年度にかけてのことであり，地域福祉は比較的新しい学問であるといってよい。しかし，実践としての地域福祉は，長い歴史をもち，発展してきた。本章では，地域福祉がどのような社会状況の中で，どのように生まれてきたのか，その源流を探る。

《キーワード》 方面委員，セツルメント，共同募金，中央慈善協会，社会福祉協議会

1. 近代社会のはじまりと社会問題

地域福祉の源流をどこに求めるかは多様な論が存在する。社会事業（福祉）の歴史研究者である吉田久一は，律令社会で制定された戸令（こりょう）の中に相互扶助を重視する発想がみられたことや，中世封建社会における親鸞の思想に連帯の思想がみられること等をあげ，それらが今日の地域福祉につながることを示唆している（吉田 1989）。また，地域によっては，江戸時代の五人組の組織が今日の地域組織の基盤につながっているという見方もある（日本地域福祉学会地域福祉研究会編 1993等）。さらに言えば，いつの時代においても地震等の自然災害時には，民間による被災地への支援活動が行われてきた事実があり，今日の災害ボランティアへの系譜とする見方もある。地域福祉は人々の暮らしの中から作られ

た面をもっている。そのような意味では，これらはみな地域福祉の源流とみることができよう。

ただし，ここでは近代に焦点をあて，近代社会の成立の過程で，どのような地域福祉が生まれてきたかを取り上げることにしよう。すなわち，明治維新によって身分制が廃止され，廃藩置県が断行され，資本主義社会へと移行した時期から後のことである。

1880年代後半からの産業革命によって，多くの労働者が４大工業地帯を中心とした都市部に移動した（表２－１）。仕事を求めて都市に移動した労働者の中には，労働環境や病気等のために生活に困窮する者が出現した。19世紀末になると，その実態についての調査やルポルタージュが公表されるようになる。例えば，横山源之助は『日本の下層社会』（1898〔明治31〕年）において，その当時欧米のような労働者の貧困状態が日本でもみられることを明らかにした。これらによって，労働者の貧困が社会問題として認識されるようになっていく。

1900年代に入ると戦争による影響も大きくなる。1914（大正３）年に第一次世界大戦が勃発し，人々の生活に大きな影響を及ぼした。1918

表２－１　４大工業地帯の全国的地位（1927年）

（単位：100万円）

	工場数（%）	職工数（%）	工業生産額（%）
全国	53,226（100.0）	1,890,528（100.0）	6,442（100.0）
阪神工業地帯	10,136（ 19.0）	382,777（ 20.2）	1,720（ 26.7）
京浜工業地帯	7,189（ 13.5）	220,031（ 11.6）	1,159（ 18.0）
中京工業地帯	5,498（ 10.3）	156,138（ 8.3）	479（ 7.4）
北九州工業地帯	1,162（ 2.2）	44,712（ 2.4）	257（ 4.0）
４大工業地帯小計	23,985（ 45.0）	803,658（ 42.5）	3,615（ 56.1）

出所：日本地域福祉学会地域福祉史研究会編（1993）

出所：『民生委員制度百年通史』

写真２－１　米騒動

（大正７）年７月には，シベリア出征によって軍の米需要が増大したことによって米価が急騰したことから，生活難に陥った大衆による**米騒動**が富山県で発生した。米騒動はその後各地に広がり，社会運動に発展した。

米騒動の発端となった米価の高騰は，同年に四国，山陽，山陰地方を台風が襲ったことも一因であった。経済，戦争，自然災害などさまざまな要因が重なって，大衆，とりわけ貧困階層の生活難が広がった。

2．生活困窮者への支援のはじまり

このような状況の中で貧困者を救済するために，1874（明治７）年に**恤救規則**（じゅっきゅうきそく）が制定された。しかし，恤救規則は，対象を身寄りのない者に限定するなど救済の範囲が極めて限定的であったため，このような大衆の生活難に対応しきれなかった。そのため各地で独自の支援が生まれた。

（1） 石井十次による岡山孤児院の開設

1887（明治20）年にはキリスト教者である**石井十次**（じゅうじ）によって岡山県に孤児教育会（後に**岡山孤児院**と改称）が開設された。孤児教育会は，6歳以上12歳以下を対象に，勉学と職業教育を施すことを目指した施設である。

設立のきっかけとなったのは，当時医学生であった石井が，代診を頼まれて赴いた診療所で夫を亡くした遍路から男児を預かったことからであった。孤児教育会は3人の孤児からスタートしたが，そのうわさを聞き，孤児たちが県外からも続々とやってきたという。

1891（明治24）年に愛知県，岐阜県地方で濃尾大地震が発生すると，

出所：『石井十次の残したもの―愛染園セツルメントの100年―』

写真2－2　岡山孤児院

石井は募金活動をし，震災孤児の救済にも取り組んだ。また，東北地方の大凶作によって難民化した孤児を受け入れるなど，全国の孤児を無制限に収容した。

財源となったのは，後援団体「孤児教育会」の会費と臨時の寄付金であった。キリスト教者であった石井は，キリスト教関係者に孤児を救って教育することが国家のためであるという趣旨書を発して，寄付を募った。しかし，急増する収容児の食費で財政状況は厳しかったようである。そこで石井は1894（明治27）年に，孤児たちの自立を目指して，宮崎県に農業をするための土地を購入して年長児をそこに送った。

また，石井は，伝道の拠点と孤児の救済，就職の出口を考えて，大阪事務所を開設した（1902〔明治35〕年）。日清戦争後の経済の低迷による都市部のスラムの問題が顕在化した時期のことである。当初の目的は孤児の救済であったというが，母子世帯が多いという都市部の実態をみた石井は，親が働く機会を作ることが必要だと考えて，保育所と夜学校を設置した。このような石井の先駆的な実践は，その後のセツルメント事業につながっているとの見方もある（石井記念愛染園隣保館 2010）。

（２）　東京府養育院の開設

同じ頃東京では，定住先のない生活困窮者を収容するための養育院（後の**東京府養育院**）が創立された。養育院設立のきっかけは，1872（明治５）年にロシアの皇太子が訪日するにあたり，市内を徘徊する窮民などを本郷の空き長屋に収容したことからであった。当初は臨時の処置として開設されたものであったが，常設施設とするために建物を購入して，存続することとなった。

1873（明治６）年には行路病人（こうりょびょうにん）・棄児（きじ）の収容が始まった。ところが，当時は他に施設がなかったこともあり，養育院には身体障がい者，生活困窮者，精神病者，非行少年等が収容されるようになっていった。そのため，対象を限定する必要が生じ，1890（明治23）年に，1）傷病により働けない者，2）70歳以上の働けない者，3）重傷者で頼るべき人がいない者，と分類して処遇するように変更した。

これによって高齢者のみを対象とした施設が生まれ，後の老人ホームへと発展した。養育院の実践は，あらゆる人々を生活困窮者として処遇する方法から，対象を分類し専門分化する方法へと転換する契機となったとみられている。

養育院を開設する財源となったのは，江戸幕府の下で積み立てられた七分金積立であった。七分金積立制度は，頻発する飢餓や火災・暴風雨・疫病などが相次ぐ中で，市民を救済するための財源を捻出するために，町費を節約して積立てられたものであった。江戸時代には町会所が設けられ，積立金を使用した困窮者の救済が行われていた。明治維新を経て一時中断した積立が再開されていた。養育院の建設費は，この積立金から出資された。

これは，大蔵大丞であった井上馨の片腕であった**渋沢栄一**の計画であったとされる。七分金積立の管理を任された渋沢は，1874（明治７）年から，養育院の運営に関わることとなった。1890（明治23）年には市制の施行によって東京市養育院と改称され，渋沢は初代院長に就任した。

出所：『民生委員制度百年通史』

写真２－３　渋沢栄一

東京市の市営となった養育院について，市議会から税金によって困窮者を救済することは怠け者をつくることになるという批判があがり，厳しい財政状況に追い込まれていった。そこで渋沢は，土地の売却，利子，慈善バザー，寄付等をして養育院を運営した。

3. 地域の中での支援のはじまり

（1） セツルメント運動

都市化の進行に伴って，都市にはスラム（貧困階層が集住する地域）が形成されるようになる。スラムには不定期な単純労働者が家族単位で集まり，都市とは隔離され，住宅や衛生環境は劣悪な状態で暮らしていた。**賀川豊彦**は1920（大正９）年に著書『死線を越えて』でその状況を紹介している。

1909（明治42）年に神戸神学校の学生であった賀川は，神戸市のスラムに部屋を借りて教会にし，伝道と困窮者の救済を始めた。日曜学校や礼拝には，困窮者だけでなく若い労働者や協力者も集まったという。賀川はスラムの現状をみるにつれ，救済活動だけではなく，救貧活動が必要であると考えるようになる。

賀川によって次のような事業が展開された（日本地域福祉学会地域福祉史研究会編 1993）。

1．生活を支える活動：無料宿泊所，簡易食堂，生活費支援，資本無利子貸与，授産所無料葬式　等
2．健康増進：病者保護，医療相談，診療所，訪問看護　等
3．就労活動：職業相談，紹介所，夜学校　等
4．福祉教育：日曜学校，家庭会，クリスマス慰安会　等
5．ボランティア活動の推進：神学生，一般市民　等
6．消費生活を守り高める活動：購買組合づくり（後の神戸灘生協）

7．地域組織化活動：家庭会の組織化　等

賀川による活動は，**セツルメント運動**と呼ばれている。セツルメントとは，「知識と人格を備えた人が貧困地域に住み込み，貧困者との人格的接触を通じて，貧困の現実からその科学的な理解と，その解決に不可欠な社会改良のあり方を探求した活動」である（仲村優一他編 2007：212)。日本で最初のセツルメントは，片山潜（せん）によるキングスレー館（1897〔明治30〕年）だといわれる。それ以降，昭和初期にかけて，都市部ではさまざまなセツルメント運動が展開された。

（2） 方面委員による活動

① 方面委員制度の設立

現在の民生委員制度の源流である**方面委員制度**が誕生したのは，米騒動が発生した時期のことである。最初に誕生したのは岡山県の**済世顧問（さいせいこもん）制度**（1917〔大正６〕年）で，翌1918（大正７）年には大阪府で方面委員制度が誕生した。

大阪府の方面委員制度は，林市蔵知事の下で**小河滋次郎**によって考案された。設立の契機となったのは，1918（大正７）年８月に大阪で発生した米騒動であった。米騒動は，暴動の鎮圧のために軍隊が出動し，知事が一般府民の夜間外出を禁止するなどして鎮静化した。これを体験した林知事は，同年10月に「大阪府方面委員規程」を公布し，方面委員制度を創設した。

方面とは地域という意味である。大阪府の場合には，小学校通学区域を一方面とし，それをさらに小さく区切ったエリアごとに方面委員を置いた。一人の委員が平均200世帯程度を担当したとみられる。方面ごとに事務所が設置され（小学校などの一角を使用した)，方面委員の事務整理を担当する有給の専属書記が置かれた。

方面委員が担った主な役割は，１）調査，２）相談，３）救済に整理することができる。方面委員は担当世帯を訪問して実態把握をし，それを「方面カード」に記録した。「方面カード」による実態把握は全国で展開され，貧困者の実態を把握する貴重な資料となった。

大阪府の方面委員制度創設以降，救済委員，奉仕委員等名称はさまざまであるが区域を担当する委員を配置する類似の制度が全国に普及した。全国に制度が普及したことを背景に，1927（昭和２）年には第１回全国方面委員大会が開催され，全国的な組織へと発展した。

② 救護法実施促進運動

1927（昭和２）年には金融恐慌，1929（昭和４）年には世界恐慌等の影響を受けて，人々の生活難は深刻化した。そのような状況の中で，1929（昭和４）年には，日本で最初の公的扶助制度といわれる救護法が

台帳カード様式

第　号　第　種

県　町方面

戸主ノ住所	氏名	職業	生年月
何区何町何番地	何某	何職	何年何月生

家族状況			
母	六十五才	健全	
妻	三十五才	健全	袋物内職
長男	十才	健全	就学中
次男		健全	

生活状態：戸主ノ収入月二十円外ニ妻ノ内職ニヨル収入五円アルモ本年八月戸主脚気病ニ罹リシタメ収入杜絶シ多少ノ貯蓄ニ依リ生計ヲ維持シ居レリ

出所：『民生委員制度百年通史』

写真２－４　方面委員カード様式

公布された。

ところが，翌1930（昭和５）年から実施することを付帯決議したにもかかわらず，救護法は財政難から実施されなかった。そのため，全国の方面委員をはじめとする社会事業関係者は，早期の実施を求めて実施促進運動を展開した。日ごろから困窮者の実態を把握していた方面委員は救護法の実施の必要性を強く感じ，方面委員大会を開くなどこれに精力的に関わった。それにもかかわらず事態が変わらなかったことから，方面委員は1931（昭和６）年１月に上奏を決意し，宮内庁を通じた手続きをとるに至った。

その頃になってようやく事態は好転し，1932（昭和７）年１月に救護法が実施された。救護法の下で方面委員は実施機関としての役割を担うことになったことから，1936（昭和11）年に方面委員令が制定され，全国統一の制度となった。

出所：『民生委員制度百年通史』

写真２－５　救護法実施促進運動
上奏を決意し皇居前に整列する
方面委員。

4. 地域福祉の時代へ

（1） 慈善事業の組織化

各地でさまざまな形の救貧活動が行われるようになると，活動に取り組む人々の中から救済について研究し，一層事業を発展させようという機運が高まり，1908（明治41）年に，**中央慈善協会**が設立された。中央慈善協会は官民の有力者・慈善事業家で構成され，会長に渋沢栄一，顧問に清浦圭吾が選出された。中央慈善協会は，救済事業に必要な講習会の実施，出版事業，調査を柱にした事業が展開された。

中央慈善協会は，1921（大正10）年に中央社会事業協会へと改組されたが，前で紹介した救護法実施促進運動においても大きな役割を果たした。第二次世界大戦後，中央社会事業協会は日本社会事業協会，中央社会福祉協議会への改組を経て，1955（昭和30）年に現在の**全国社会福祉協議会**へと発展した。

（2） 共同募金

共同募金は，1921（大正10）年10月に長崎県社会事業協会が，「社会事業デー」を定めて３日間の街頭募金を行ったのがはじまりとされている。その後「社会事業デー」は，兵庫県，北海道，東京都，滋賀県でも実施された。やがて第二次世界大戦が始まる。

これまでみたように日本の社会事業（福祉）は，官民が協力して発展させてきた経緯がある。また，今日の社会福祉施設につながる事業は，寄付金や会費等を集めて民間の団体が運営していたものが多かった。

しかし，第二次世界大戦後にGHQによって「公的責任の原則」が示され，社会事業（福祉）は国の責任で実施することが求められた。また日本国憲法の第89条には，「公私分離の原則」の条文が記され，公金を私的な事業には配分してはならないことが示された。これによって，これまで実施されてきた個人や民間の団体による社会事業（福祉）に対して国の補助金を支出することが禁止され，民間の事業の継続が困難になった。

こうした状況の中で1947（昭和22）年に有識者による第１回共同募金運動準備会が組織され，共同募金運動の実施を決定した。同時期に厚生省（現在の厚生労働省）では，生活困窮者の越冬対策として「国民たすけあい運動」を展開することを検討していた。そのため，この２つの運動が調整されて実施されることとなり，1947（昭和22）年11月から12月にかけて41の道府県で「第１回・国民たすけあい共同募金運動」が行われた。その結果，約５億9,297万円の募金が集められ，民間の施設等に配分された。

出所：中央共同募金会

写真２−６　共同募金ポスター
（1951）

翌年には「赤い羽根」共同募金が街頭で行われるようになり，財団法人中央共同募金委員会が設立された。財団法人中央共同募金委員会は，1951（昭和26）年に社会福祉法人中央募金会に改組され，現在に至っている。1951年の共同募金のポスターには，「地域福祉」という言葉が記され，ここから地域福祉という用語が普及することになる。

これまでみたように地域福祉という概念は，長い時間をかけて重ねられてきた実践によって生まれてきた。その源流にある思想・方法は，今日の地域福祉実践に継承されている。その反面，変化してきた面もある。第３章以降の学習を通して，継承されているもの・変化したものについて考えてみてほしい。

学習課題

１．方面委員制度の成立についてまとめよう。

２．テキストで紹介した以外にどのようなセツルメント運動が行われたかを，参考文献をもとに調べよう。

３．あなたが住んでいる地域にある福祉施設の歴史を調べよう。

４．共同募金について，その成立から今日に至るまでの流れを整理しよう。

５．第二次世界大戦前の地域福祉と現在の地域福祉とを比較し，継承されている点，変化した点をまとめよう。

参考文献

・仲村優一・一番ケ瀬康子・右田紀久恵監修（2007）『エンサイクロペディア社会福祉学』中央法規出版

・日本地域福祉学会地域福祉史研究会編（1993）『地域福祉史序説』中央法規出版

・柴田謙治（2008）『貧困と地域福祉活動―セツルメントと社会福祉協議会の記録―』（株）みらい

・横田賢一（2002）『岡山孤児院物語―石井十次の軌跡―』山陽新聞社

・吉田久一（1989）『日本社会福祉思想史』川島書店

参考資料

・石井記念愛染園隣保館（2010）『石井十次の残したもの―愛染園セツルメントの100年―』
・東京都養育院（1995）『養育院百二十年史』
・中央共同募金会（1956）『赤い羽根　十年のあゆみ』
・中央社会事業協会（1935）『財団法人中央社会事業協会三十年史』
・全国民生委員児童委員連合会（2019）『民生委員制度百年通史』
・全国社会福祉協議会（2010）『全国社会福祉協議会百年史』

3　地域福祉の担い手―ボランティア活動・福祉教育と専門職養成

藤井博志

《本章のポイント》　地域福祉は住民の自発的な福祉活動が基盤となる。そのためには地域社会における社会包摂型の福祉教育・市民教育・学習が重要となる。地域福祉の担い手には，ボランティア精神をもった住民や分野横断的に連携でき，住民と協働できる専門職や行政職員，さらに社会貢献しようとする団体，企業等幅広い組織や人が想定される。

《キーワード》　ボランティア，NPO，福祉教育，ボランタリズム，専門職養成，地域福祉人材の養成

1．地域福祉の担い手とは誰か

地域福祉の担い手を考える前に，社会福祉領域の担い手の全体像の理解から始めたい。その第1の理解としては，社会福祉は人々の自発的な助け合いの行為と専門職による援助から成り立つという基本的な理解が必要である。人が道端で倒れていたときに，私たちはその状況を見過ごすことはまずないであろう。倒れている人に駆け寄り，介抱しながら周囲に助けを求め，その間に救急車を待つ。このように，自分と関わる事柄として，地域の問題を見過ごさず，関わり，助け合う行為が自発性（ボランタリズム）の原点である。その主体的な行為は，「言われてもしない，言われなくてもする」と表現されている。またそれが地域での住民の助け合いの原動力でもある。一方，この場合の救急車は専門職の援助にあたる。この例えのように，人々の助け合う関係が前提としてな

ければ専門的援助は機能しずらい。また逆に専門的援助がなければ人々の助け合いだけでは人は救えないのである。この2つの行為は相互補完的である。

上野谷加代子（1988）は以上の観点から，地域福祉の機能を直接的な問題に携わる「ケア」とそのケアを成立させるための「コーディネート・組織化（オーガナイジング）」に分類し，その機能の担い手を「非専門職」と「専門職」の間の分布として地域福祉の担い手の全体像を鳥瞰する図を示している（図3－1）。

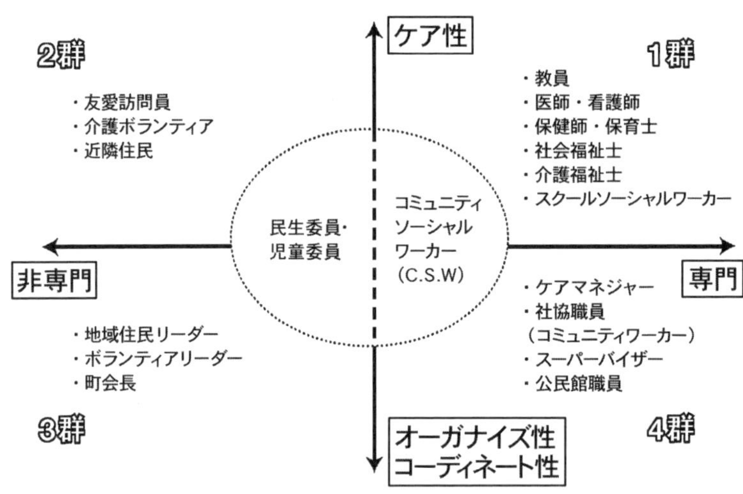

出所：上野谷加代子（1988）

図3－1　地域福祉の担い手

2. 地域福祉の担い手の広がりとその特徴

この上野谷の図に，次の視点から，新たな担い手をプロットしていくとさらに地域福祉の担い手の全体像を把握できるであろう。

１つは，非専門職に近隣住民や地域住民リーダーなど広く取り上げている。この中に，問題を抱えている住民（当事者または福祉当事者という）が含まれている理解が重要である。むしろ，当事者がリーダーになりながら，その問題を地域社会に発信し，福祉的な地域社会に変革していく活動が重要である。その意味では，当事者は被援助者ではなく，地域社会をつくる中核的な主体者である。

非営利活動促進法制定（1998）を契機にNPO（Non Profit Organization：非営利組織）の活動が市民公益活動として広がってきた。このNPOは後に述べる幅広い領域で活動をするという意味では，非専門職—専門職を横断，混在する存在である。また，広義には地域社会貢献を行う企業や近年において注目を集めている社会的企業なども含めて，地域のあらゆる組織と人が地域福祉の担い手になりえるという見方が大切である。

以上の非専門職の担い手は次の２点が特徴である。１つ目は，個人的な活動が起点となるが，地域課題への対応としては組織として活動する場合が多い。その組織は地域というエリアに限定された地縁型の活動と地域を限定しないテーマ型の活動が混在している。２つ目には，当事者と住民は同じ生活者という共通基盤をもつ主体であるから，援助者・被援助者という関係は固定的でなく，状況によって転換する共助・互助の関係にある。これらの地域福祉の担い手には社会福祉協議会（以下，社協）が委嘱する福祉委員，地区社協メンバー，ボランティア，セルフヘルプグループ，NPOなどがある。また，制度に位置づけられた地域福祉活動者としては民生委員・児童委員や保護司などがある。

専門職の担い手は，地域福祉が地域を基盤とする限り，福祉分野に限らず，医療・保健・教育分野や福祉のまちづくりに関するあらゆる職種が含まれる。例えば，地域医療，保健に関わる医師，保健師のみならず，一級建築技師はまちづくりコンサルタントとして重要な地域福祉の担い手である。また近年では社会福祉法により自治体による地域福祉の推進や包括的な支援体制の整備が義務づけられている視点からは，地域福祉行政を担う行政職員も地域福祉の重要な担い手とみなされる。

このような地域福祉の担い手の幅の広さを前提として，福祉領域内に限定していうと，「ケア（個別支援）」，「ソーシャルワーク（個別支援）」と「コミュニティワーク（地域支援）」に関わる人材に分けられる。ケア分野はホームヘルパーなどの在宅支援のケアワーカー，およびケアマネジャーなどであり，ソーシャルワーク分野は地域包括支援センターの社会福祉士など，地域生活支援を目的とする相談支援系のソーシャルワーカーである。スクールソーシャルワーカーなどもこの範疇に入る。コミュニティワーク分野は社協に配置された地区担当職員やボランティアコーディネーター，また，介護保険制度で配置される生活支援コーディネーター（地域支え合い推進員）などである。なお，個別支援と地域支援を一体的に実践する福祉専門職としてコミュニティソーシャルワーカーや地域福祉コーディネーターが注目されている。いずれも社会福祉士・精神保健福祉士などの国家資格が重視されつつある。

3. ボランティアと市民公益活動

ボランティア（volunteer）は，1）志願者，奉仕者，2）義勇兵，志願兵として訳されている。もともとは，17世紀のイギリスにおいて自警団に参加する人たちのことを呼んだが，19世紀後半からは産業革命の進展による労働者の貧困に対する民間の自発的な救貧事業としてのCOS（慈善組織協会）運動やセツルメント活動にその源流がみられる。このボランティア精神（voluntarism）の根幹を成すものは利己主義に対する愛他主義であり，キリスト教では隣人愛に基づくとされている。また，我が国の土壌としては，仏教における慈悲に通じるものとされている。

岡本栄一（1997）はボランティアの理念について，**「ボランタリズム」**を Voluntarism の意味する「主意主義」に基づく人間のもつ意志力や自由意志を重んずる自発性と，「ｙ」がついた Voluntaryism の意味する国家権力からの自由な教会のあり方から派生した「結社の自由」や「権力からの自由」という２つの意味があるとしている。さらに，福祉ボランティア活動が多様化する中で，ボランティア活動の性格をおよそ次の３点に集約できるとしている。１）ボランティア活動をする側の性格としての自発性や主体性，２）活動の目的，対象，内容に関わる性格としての社会性，連帯性，利他性，福祉性，公共性，３）報酬に関わる性格としての無償性，無給性である。

また，公私関係におけるボランティアの役割は，先駆的役割，補完的役割，参加をすすめる役割，自助的役割，コミュニティ・ケアの役割，番犬としての役割，圧力団体としての役割などがあげられる。

市民公益活動を理解する上では，NPO と特定非営利促進法に基づく，いわゆる NPO 法人の関係を理解しておく必要がある。

NPO とはどのような組織を呼ぶのであろうか。言葉のとおり解釈すれば，non profit という民間非営利セクターのすべてを指す。社会を構成する第１セクターとしての政府（行政）と第２セクターとしての企業の二極による社会形成の限界から，第３のセクターとして市民活動が期待されたのである。NPO はこの第２のセクターの企業に対しての非営利組織という表現である。

一方，政府に対する民間非営利組織をNGO（Non Governmental Organization：非政府組織）と呼ぶ。このようにNPOとNGOは相対するセクターとの違いやその活動領域によって呼び方は違うが，第3のセクターとしての市民セクターの組織の呼び名である。

これらの領域の多様な主体は，第14章で詳細に解説される。

なお，アメリカのジョンズ・ホプキンス大学のレスター・サラモン教授らが行った国際比較プロジェクトでは，その比較研究を可能にするための非営利セクターの定義として，次の7つの要件を示しており，NPO組織を理解する上で参考になる。それは，1)正式に組織されていること，2)民間であること，3)利益配分しないこと，4)自己統治されていること，5)自発的であること，6)非宗教的であること，7)非政治的であること，である。なお，このサラモンらの厳密なNPOの定義からは，日本における民間組織と行政の公私関係においては，4)が問題とされる。

また，地域福祉にとってのNPO法の意義の一つは次にある。NPO法制定以前は，住民が地域福祉活動を行う場合，任意のボランティア活動であった。その活動を事業化するための公益法人化は社会福祉法人という市民セクターには設立条件が厳しい許認可制の法人制度でしか道が用意されていなかったのである。それに対して，住民が公益的な活動を市民事業として自ら事業化できる道を開いた意義は市民活動の拡大，市民力の醸成という面で大きく寄与したといえる。

4. 福祉教育の定義とその歴史

我が国の地域福祉においては，ボランティア活動，市民公益活動の促進と関連して，福祉教育という領域を形成してきた。福祉教育とは福祉の教育実践であるが，これには３つの領域がある。１つは大学，専門学校などでの社会福祉専門職教育である。２つ目は学童・生徒を対象にした学校を中心とした福祉教育である。３つ目は福祉コミュニティ形成のための地域住民への地域を基盤とした福祉教育である。ここで取り上げるのは２番目と３番目である。特に学童・生徒の福祉学習を一般的には福祉教育と呼ばれている。

福祉教育の最も公式な定義は全国社会福祉協議会・第２次福祉教育研究委員会（1984）の定義であろう。それによれば「福祉教育とは，憲法第13条，25条等に規定された基本的人権を前提として成り立つ平和と民主主義社会を作り上げるために，歴史的にも，社会的にも疎外されてきた社会福祉問題を素材として学習することであり，それらとの切り結びを通して社会福祉制度，活動への関心と理解を進め，自らの人間形成を図りつつ，社会サービスを受給している人々を社会から，地域から阻害することなく，共に手をたずさえて豊かに生きていく力，社会福祉問題を解決する実践力を身につけることを目的に行われる意図的な活動である」と定義されている。単に「人に優しい福祉の心」を涵養するということではなく，憲法で保障されている基本的人権の実現のための人権感覚と，その理解のための社会福祉問題への科学的な認識と解決への主体的な力を身に着ける教育活動であると定義されているのである。

福祉教育のはじまりは，1948年の共同募金会の発足に伴う，国民助け合い精神の育成のための小・中・高等学校向けの教材開発や，1950年の神奈川県による中・高等学校に対しての社会問題研究制度の創設がみられる。この神奈川県の制度をモデルに1977年には国庫補助事業としての「学童・生徒のボランティア活動普及事業」が創設された。

学校教育の中では，戦後の初期に，社会科教育の実践として，徳島県では「子ども民生委員制度」が創設され，地域の清掃や施設訪問，共同募金などの社会奉仕活動が取り組まれている。その後の教育改革の中で，生涯教育の一環としての福祉教育が期待されるようになり，その後，「生きる力」の実践として総合的な学習の時間の中で福祉教育が位置づけられるようになっている。

このように福祉教育は学童・生徒を対象にして，学校教育への地域福祉からのアプローチとして始まったが，近年のコミュニティスクールのように学校自体が地域の参加を重視している。学童・生徒の福祉教育においても地域住民と共に学ぶ地域での福祉教育のあり方が問われているといえよう。これらを背景にして，全国社会福祉協議会・福祉教育研究会報告書（2005）では，地域福祉推進の視点から福祉教育を生涯教育としてあらゆる年代の教育実践として次のように定義されている。「地域福祉を推進する福祉教育とは，平和と人権を基盤にした市民社会の担い手として，社会福祉について協同で学びあい，地域における共生の文化を創造する総合的な活動である」。

この地域社会の場での福祉教育は学童・生徒にとってはサービスラーニングとしての体験学習を重視するため，主としてボランティア活動への参加プログラムとして展開される。その場合，社会福祉問題に対する科学的な認識作業を欠いた体験が，逆に慈恵的な福祉観を学童や地域に普及させてしまう危険性があることに特に留意すべきであろう。かつて，「恵まれない子に愛の手を」というメッセージで募金活動をしてきたことが，「恵まれている者」からの施しを「恵まれていない者」へ行うという慈善意識を逆に助長する危険性を伴っていたという反省である。これに対して，基本的人権に基づく対等平等な視点から，地域社会の場において，当事者と子ども，大人が出会う福祉教育の取り組みが地域福祉を担う人づくりとして重視されている。それとともに，実践としてのボランティア活動とそのための学習活動が相互に循環する教育・学習の場がこれからの地域福祉の担い手を育む市民教育としてさらに重要になってきているといえる。

5．地域福祉の担い手の今後の課題

最後に，これからの地域福祉の担い手のあり方について当事者・住民（非専門職）と専門職の双方の課題を提示しておこう。それを考える社会的背景として，少子高齢と人口減少化，家族の縮小化と単身化，貧困格差・社会的孤立と排除という社会状況に対して，社会的包摂，共生社会の観点から地域福祉の人材養成の課題を捉えておく必要がある。

1．家族の縮小化や単身化は，一人ひとりのニーズを増大させることから総合的な対応が求められるようになる。しかし，人口減少社会のもとではそれに対応する専門職や住民の担い手が不足することへの課題。
2．これまでの法令順守に伴う他部局の権限を侵さない縦割り行政から，住民の生活に総合的に対応できる生活優先行政への転換とそれを担う自治体職員養成の課題。
3．障がい児・者問題をはじめ，外国籍住民，LGBTQ などの性の多様性に関わる課題など，多文化共生社会を形成するための課題。
4．３と関わって社会の差別偏見に関する人権教育と地域でのコンフリクト（抗争・軋轢）へ対応し，克服するための課題。
5．団塊の世代を最後の世代とする世帯中心のムラ型コミュニティに依拠したつながりから，1990年代半ば以降に成人を迎えた，単身化，個人化したつながり方の変化に伴う世代間断絶の課題。
6．５と関連して，日本の若者の内向き志向を踏まえた地域づくりの若者参加の課題。
7．以上に通底する社会的孤立や社会的排除の課題。

以上の７点の課題に対応できる地域福祉人材養成の課題が非専門職（地域住民・ボランティア），専門職，行政職員に問われているといえよう。

特に，福祉専門職や行政職員に共通する養成のイメージは，例えば，日本における過疎地域での医療やヨーロッパでのプライマリー・ケアにおける総合医のイメージと重なる。すなわち，分野横断，多機能人材であり，かつ住民と協働できる人材である。例えば，地域福祉に求められる実践は，地域の潜在化するニーズに対するアウトリーチ型の早期発見と，制度の狭間にも対応する生活総合相談支援，さらに新たなサービスや支援システムを創造できるネットワーキングを中核とした開発力である。また，障害者分野のソーシャル・ファームやひきこもり対策などでの中間就労の開発などでは，地域での創造的な関係を形成する場づくりのコーディネート力や社会的企業を運営するマネジメント力が求められる。この領域の実践を担う専門職は地域のしごとづくりと合わせて地域を福祉的に活性化する地域づくりの担い手としても期待されている。

当事者・住民の地域福祉の人材養成の基盤となる福祉教育においては，これまで述べたとおりである。今後，多様性尊重における多文化共生社会を形成できる市民教育が問われるであろう。また，現在の学校教育における教員の多忙さの現状や生涯教育における趣味の文化教室傾向を改善し，生活に密着した問題解決力を養成するための教育学習を進めていくことが必要である。その意味では，地域福祉の観点から，自治体で取り組まれている障害者差別解消法の学習，人権教育，生涯学習，地域づくり学習，男女共同参画学習など地域共生社会の形成から再点検し横つなぎをしていく取り組みを地域福祉計画や自治体総合計画の検討課題にする必要がある。その際，「誰一人も取り残さない」を目標とするSDGs 学習の推進が関連して問われることになろう。さらに，以上の教育・学習が教育カリキュラムの作成に偏重することなく，地域福祉活動の実際の場面で，必要に応じて臨機応変に学習をセッティングしていくなどの地域活動と一体となった実践的な学習支援が必要となってくるであろう。それと関連して，身近な地域の要援助者支援として，認知症サポーターやひきこもりサポーター，また市民後見人や見守り活動者の養成が進んでいる。しかし，これらの住民を一方的な支援者とするのではなく，当事者と共に住みよいまちをつくることを理念においた住民同士の共感力と協同力の醸成が，地域福祉から地域共生社会を形成する上でますます求められるであろう。

学習課題

1．地域福祉の担い手について考えてみよう。
2．ボランティア・市民活動の広がりについて考えてみよう。
3．福祉教育について考えてみよう。
4．これからの地域福祉の人材養成の課題について考えみよう。

参考文献

・三本末正之・朝倉美江編（2007）『福祉ボランティア論』有斐閣アルマ
・日本福祉教育・ボランティア学習学会「20周年記念リーディング編集委員会」編（2014）『福祉教育・ボランティア学習の新機軸―学際性と変革性』大学図書出版
・大阪ボランティア協会編（1981）『ボランティア　参加する福祉』
・岡本栄一（1997）「ボランティア」日本地域福祉学会編『地域福祉事典』中央法規出版，pp.322-325

・岡本栄一監修，ボランティアセンター支援機構おおさか編（2019）『ボランティア・市民活動実践論』ミネルヴァ書房
・上野谷加代子（1988）「ミクロ分析の視点と福祉教育」松原一郎・上野谷加代子・髙田真治編『社会的ケアシステム―高齢者福祉の計画と実践』全国社会福祉協議会
・全国社会福祉協議会（2013）『社会的包摂に向けた福祉教育～共感を軸にした地域福祉の創造』

参考資料

・全国社会福祉協議会（2019）『地域共生社会に向けた福祉教育の展開～サービスラーニングの手法で地域をつくる』

4　地域福祉の実践に学ぶ
―住民・市民活動

藤井博志

《本章のポイント》 地域住民は暮らしづくりの主体であるとともに，地域づくりの主体であり，地域福祉の基盤となる主体である。その住民・市民活動には互助活動，ボランティア活動，市民公益活動，当事者の活動など多様な活動形態がみられる。本章では，住民・市民活動の地域福祉における役割や意義について学ぶ。

《キーワード》 住民主体，住民参加，地域の福祉力，民生委員・児童委員，保護司，共同募金，住民(地域)自治組織，セルフヘルプグループ

1．地域福祉に住民が参加する意義と役割

（1） 地域福祉における「住民」の位置―住民主体という用語

地域福祉は，住民はもとより専門職，事業者をはじめとした多様な主体による活動や実践の協働によって進められる。そのうち，地域福祉の基盤となる主体はその地域に暮らす住民である。それでは，地域福祉における住民とは，どのような主体として捉えられているのであろうか。ここでは**「住民主体」**という考え方と住民と市民概念の相違について説明する。

住民主体という用語は，1959年から始まった**保健福祉地区組織活動**の中で，地域住民が暮らしづくりの主体であること，すなわち，地域住民が自分の暮らしのあり方や，地域のあり方を決める主体であるという意

味で使われ始めた。これが確認されたのは，当時の社会福祉協議会活動の基本原則をまとめた社会福祉協議会基本要項（1962）である。住民主体の説明として，**権利主体，生活主体，生存主体という基本的人権を有した生活者としての包括的な主体認識**として捉える立場がある（住谷・右田 1973，右田 2005）。また，近年の社会保障・社会福祉の状況の中で地域福祉を形成する具体的な主体力として，地域住民を**「地域福祉計画主体」「地域福祉実践主体」「社会福祉サービス利用主体」「社会保険制度契約主体」**という4つの主体認識として捉える立場もある（大橋 1999）。

さらに，この地域住民の主体力を**地域の福祉力**と表現することもある。地域の福祉力とは，地域住民が自治的に福祉のまちづくりを進めていく共同力としての表現である。そのエッセンスを要約すると，1）地域生活課題を早期に発見する力，2）地域生活課題を話し合える力（民主的に話し合える力，暮らしづらい隣人のことを優先して話し合える福祉的態度），3）地域生活課題を協働して解決できる力（押し付け合わない，自分の団体主義にならない，少しずつ力を出し合える共同的な態度），4）地域の望ましい将来を描く力（小地域福祉計画策定）の4つの地域住民の共同力といえる。

このように住民主体とは，単に「住民が行う」ことを意味するのではない。また，暮らしのあり方は自分と同時に他者がよりよく生きることを尊重し，共につくりあげるという前提がある。すなわち，住民主体とは，基本的人権の尊重とその上での連帯を通して共に暮らしをつくる権利を有した主体という意味である。

次に住民と市民という概念の違いを説明しておきたい。住民とは，文字どおり一定の地域に居住している人々を指す。それに対して市民とは市民社会を担う主体概念であり，基本的人権に根差した共同性を有するつながりであるコミュニティの担い手としての表現である。地域福祉でいう地域住民とは，一定の地理的範囲に住む住民と市民概念を統合した地域住民像である。それは，それぞれの地理的範囲における文化に根差した日々の暮らしの中で，その地域の歴史・文化・風土にあった地域づくり，暮らしづくりの主体者として，また参加者として，地域福祉社会を形成する住民の主体力を獲得し発揮していく生活者を想定している。

（２）　地域福祉における住民参加の視点

地域福祉における住民参加の視点は次の５つがあげられる。

①　当事者をエンパワメントし，地域ケアを進める

人は人の中で人になる。すなわち社会関係の中で相互に認め合い，役割をもつことが人を元気にする。そして，その関係の中で生活を営むことが地域福祉の目標である。

②　生活者視点に基づいたネットワークを促進する

地域住民の社会生活の基本的要求の全体性，すなわち経済的安定，職業の機会，身体的・精神的健康の維持，社会的協同，家族関係の安定，教育の機会，文化・娯楽に対する参加の機会（岡村 1958）を中核に，その暮らしの条件づくりのために関係者が連携していくことが大切である。

③　生活に必要なサービスの質を提言，創出する

地域住民が自らの暮らしの観点からサービスを評価したり，さらに住民自らが暮らしに必要な地域ケア・サービスを提言，創出する。例えばサービス間の縦割りから生じる生活課題に対する支援が不十分であること等のサービスの質に関することや，地域ケア・サービスを実際に使いやすいようにするといったアクセシビリティ（接近性）を高めるための提言の発信や実現への取り組み等である。

④　当事者を中核とした社会変革を進める

地域住民の中でも，とりわけ生きづらさを抱えた当事者との共感のもとで，当事者を中心とした住民，専門職，行政の連携や，そこから新たな支援・サービスや計画が生み出される連帯のことを福祉コミュニティという。地域住民は，自らも当事者になるという観点から，当事者とともに福祉コミュニティを形成しつつ，排除のない共生社会をつくることが目指される。

⑤　生活課題・福祉課題から住民自治とローカルガバナンスを促進させる

さまざまな生活課題，福祉課題を解決していく過程において，行政・事業者との話し合いと協働で住民主体の地域づくりと地方自治を進めていくことである。

2. 多様な住民福祉活動の形態とその主体

(1)　地域福祉への住民参加の形態

住民参加の形態は多様である。一般に住民参加の参加形態は「**活動**」「**参画**」「**運動**」に分類される。また，介護保険制度に代表される社会福祉の利用契約制度のもとでは，新たに**サービス評価への住民参加**が重視されている。これらについて，地域福祉における参加の側面から説明しておこう。

「活動」とは地域福祉活動やボランティア活動等の実際の活動である。この活動が継続的・安定的な提供が求められると事業という形態になる。ボランティア活動団体が特定非営利活動法人等の法人化を行うのは公益的な市民事業化を目指すことによる。

「参画」とは地域福祉計画などの行政計画をはじめとして，社会福祉協議会や住民自らが策定するまちづくり計画等への参加をいう。この間，市町村で策定される社会福祉関係の計画では，計画ごとに，当事者，被保険者，地域住民等の参加が法律で定められていることが多い。例えば，市町村地域福祉計画では，地域住民等の意見を反映させるよう努めることが社会福祉法第107条に定められている。

「運動」という参加形態は広い概念である。障がい者自立生活運動をみても，ある一定の期間における要求運動として行動する場合もあるし，長い年月をかけた公民権獲得運動としての形態もある。この例のように，社会福祉における運動とは，基本的人権が抑圧されている状況の変革を目指して，その当事者，共感者，社会福祉や司法専門職等が連帯して，政府や自治体，また地域社会に訴え，権利を回復する実践である。社会福祉実践ではこのような運動は**ソーシャルアクション**や**権利擁護（アドボカシー）**として位置づけられる。特に，住民は同じ地域住民である当事者や自らがその不当な状況に置かれている場合に，声をあげ，社会に訴えることが，最初に行うべき住民の地域福祉実践であるといえる。

「評価」は介護保険制度等の利用契約制度とともに新たな社会福祉の枠組みとして，苦情解決，サービス評価のしくみとして重視されてきている。しかし，その重要性に対して，社会福祉におけるオンブズマン活動やサービス評価のしくみの普及は住民活動，行政の福祉施策の両方ともに進んでいないという課題がある。

（２）　地域福祉から地域組織をみる視点

地域にはさまざまな組織がある。前述した参加形態もその活動主体の目的と組織特性によって決まってくるといえる。そのためには，地域を重層的に認識することが大切である。例えば，地域福祉においては，住民の身近なエリアから，「第１層：自治会・町内会の組・班の圏域」，「第２層：自治会・町内会の圏域」，「第３層：学区・校区（およそ小学

校区域　筆者注）の圏域」,「第４層：市町村の支所（およそ中学校区　筆者注）の圏域」,「第５層：市町村全域」と例示されている（１章図１-３参照)。

この重層的な圏域間の関係はそれぞれが独自の機能をもちつつも，相互につながる関係にある。そのことによって，地域組織は各圏域での独自の関係を形成するとともに外に開かれている関係にある。地域福祉と関連した各圏域での地域組織をあげると，第２層では自治会福祉部や見守りグループ，第３層では地区社会福祉協議会，まちづくり協議会福祉部，第５層では民生委員・児童委員協議会，福祉関係のNPO，社会福祉法人等が例示される。

このような地域福祉活動を担う地域組織は次の６つの視点でみることが有効である。

１点目には，**地縁型**か**アソシエーション型**のどちらの特性が強い組織かを診断する視点である。地理的範囲で結ばれる地縁団体の特性は，地域住民の地域の愛着度によってその活動が規定される。また，地域特性から生じる利害関係を共有すると同時に，多様な価値をもつ地域住民の集団であるので，その合意形成は時間を要する。一方，アソシエーション型は活動テーマに基づく集団であるので，必ずしも地理的範囲に限定されない。２点目は，地域の代表性を有しているかどうかである。地域の意思の反映とは，その地域住民の参加の度合い，行政等の外からの承認という，内と外の関係から成立する権限といえる。一般に，町内会，自治会，住民自治協議会等がその代表といえる。３点目は，福祉性や当事者性の尊重の度合いである。障がいのある人等，さまざまな生活課題を抱える地域住民（当事者）に対して，地域住民が共感的か偏見や差別的な意識や態度のどちらの度合いが強いかによって，地域組織の活動も大きく異なる。またそれは当事者のその地域での暮らしやすさに決定的な影響を及ぼす。４点目は，グループが活動する圏域と活動内容の関係である。例えば，高齢者の見守り活動やふれあいいきいきサロン等（６章参照）の日常生活で継続的に行うボランティア活動は自治会域での活動が最も進めやすいといえる。５点目には，運営規定の有無等の組織の意思決定手続きの公正性と透明性である。地域の仲間としてのつながりに依拠し，活動ルールを文面化しない仲間集団があってももちろんよい。しかし，ある一定の活動資金が確保され社会的活動が展開されるような組織にあっては，その組織への参加と決定のルールが明確になっていることが参加層を広げる重要な要件となる。６点目は，活動財源の自律性である。組織の参加性や自律性は活動財源の確保の方法やその額に反映される。

以上が地域組織を診断する６つの視点である。もちろん，これらの視点に基づくどれか単一の組織があればいいというわけでなく，地域組織間でその長所と短所を互いに理解し合い，連携し共同力を強めていくことが重要である。

3. 制度に位置づけられた地域福祉活動者 —民生委員・児童委員・保護司

日本における地域福祉の原点的活動の一つは**民生委員・児童委員活動**（以下，民生委員）である。民生委員は民生委員法に基づき，厚生労働大臣の委嘱を受けた民生委員が児童福祉法に基づく児童委員を兼ねることから民生委員・児童委員と一体的に呼ばれている。

このように制度上に位置づけられた地域福祉活動者として，３年間を一期として，継続的に活動する。その性質上，非常勤・特別職の地方公務員とされるが報酬はない。

民生委員の地域福祉としての活動特性は，日本で最も身近な福祉エリアを担当し，その地域の生活の困り事に対して，訪問を中心とした支援を行うことにある。また，その支援は地域住民としての寄り添い支援である。この活動特質から民生委員は地域の問題の早期発見とともに，地域に不足している社会資源を住民と共に創出してきた歴史がある。また，民生委員が果たしてきた役割は次の５つに整理される（全国民生委員児童委員連合会 2016)。１)地域住民の身近な相談相手，見守り役としての存在，２)行政の協力者として福祉制度を効果的に機能させる存在，３)民間社会福祉活動の推進者たる存在，４)地域課題の可視化と住民の代弁者としての提言活動，５)時代を先取りした課題解決への取り組み，である。近年では，1980年代から始まる在宅福祉活動，また1990年代以降の認知症高齢者支援，災害時要援護者支援，社会的孤立への対応，子どもの貧困対策等，活動課題は多様化，深刻化してきている。

また，今後の民生委員活動の課題は大きくは２点あるといえよう。民生委員活動は地域の要支援者への寄り添い支援という個別支援が第一の活動である。しかし，活動形態としては地域活動への参加が増加し，全体の活動量が増加している。２点目は，民生委員の新たな担い手不足と短期間での退任傾向である。担当地区の欠員とともに，２期以上継続して参加する民生委員が減少している。

以上の課題には多様な要因が推測されるが，主とした要因は民生委員が対象とする地域生活課題の深刻化と広がりにある。それは，現在の少子高齢化，貧困化，家族の縮小化や単身化とこれらの諸要因が絡んだ社会的孤立と排除の問題の増加が地域基盤を弱めていること等に起因する。このような地域のつながり基盤の希薄化は，要支援者の増大とともに民生委員が地域住民と協働する基盤の脆弱化も同時に生じさせているのである。今後の方向としては，住民による見守り活動を広める中で，住民と共に活動しながら，その中で，行政協力活動としての民生委員の個別支援活動を生かしていく方向であろう（6章参照）。なお，民生委員の中でも，子どもへの活動を主として行う**主任児童委員**の活動も重要性を増してきている。

また，**保護司**は保護司法により規定され，更生保護に携わる。保護司は民生委員と同様に無給であるが，非常勤の国家公務員として位置づけられ，2年を任期として職務上では守秘義務が規定されている。その職務は，犯罪者および非行少年の改善更生への支援，犯罪予防の啓発等である。今後，子どもの対策とともに青少年期の若者への支援が重視される中で，保護司の活動はますます重要となっている。

4．地域福祉活動財源づくりへの参加 —共同募金

地域福祉における住民参加の源流の一つは**共同募金運動**である。戦後，1947年に地域福祉活動財源確保のための国民のたすけあい活動として導入され，1951年に第一種社会福祉事業に位置づけられている。

共同募金は都道府県を単位として，毎年1回厚生労働大臣の定める期関（通常は10月から12月の3か月）に行う寄付金募集である。地域のニーズに基づいて募金目標を設定する計画募金という特質をもつ。共同募金の実施主体は都道府県共同募金会であるが，市町村ごとで「共同募金委員会」を設立することができ，実質はこの委員会が地域での募金活動を行う。2016年度より，共同募金運動の期間は1月から3月まで拡大され，この拡大期間では各都道府県共同募金において地域課題解決のためのテーマを設定した募金などが展開されている。また，共同募金委員会運営は社会福祉協議会が協力している場合が多い。その意味で，社会

福祉協議会が策定する地域福祉活動計画における地域福祉目標と共同募金の募金目標の関係は連動することが望ましい。

近年，共同募金への寄付額が漸次減少傾向にあるが，戦後直後から国民の福祉教育への取り組みとともに，この**寄付文化**の風土を培ってきた共同募金運動の功績は大きい。ちなみに寄付文化とは「地域住民がいつでも，どこでも，自発的な寄付を通じて，社会参加や自己実現を達成することができる文化的風土」である（中央共同募金会 2016)。

また，共同募金は地域住民や関係機関・団体との協働によって地域生活課題を図る運動性を有した募金である。地域という暮らしの場に根差し，児童から高齢者までの全住民や商店，企業等の広範な寄付への参加がみられる点は共同募金の優れた特性である。この運動性や参加性は，つながりの希薄化が進む地域社会において再び着目されている。全国共同募金会では，この運動性の再生に向けて，地域の協議体（話し合いのしくみ）としての市区町村共同募金会の強化とともに，次の改革を目指している。１)個別募金等従来の募金方法の見直しと活性化，２)寄付者への丁寧な説明，３)地域課題解決型（特定テーマ募金）の取り組み拡大，４)企業との協働による新しい募金手法，５)寄付付き商品やインターネット等を活用した募金，６)年間を通じた寄付受け入れ，７)遺贈，相続寄付等の取り組み強化などである。「自分のまちをよくするしくみ」とは，共同募金の地域住民へのメッセージである。この住民参加のしくみを地域住民が今日の自らの地域の生活課題，福祉課題を解決する手段として参加し，さらに共同募金会を活用しやすいしくみに改善していくことが期待されている。

5．小地域福祉活動と住民自治組織

地域福祉における住民活動は地域づくりへの自発性や自律性とともに合意形成をはかるための手続きの明確さが地域住民の参加の高まりや民主的な地域の関係性を促進させることになる。そして，地域福祉として重要なのは，地域組織をみる上での３点目の福祉性や当事者性である（２節参照）。それは，その地域を代表する組織が地域で生きづらさを抱える住民（当事者）の生活課題を自分たちの課題（地域生活課題）として取り組めるようになるための条件である。そのためには，地域組織がそれらの課題について協議・協働できる場を有していることが重要である。このような場をつくる活動を小地域福祉活動と呼び，この小地域福祉活動組織を全国社会福祉協議会では**地域福祉推進基礎組織**と名づけている。これについては，第６章で詳しく述べる。

しかし，その前提となる自治会等一般の地域組織が脆弱化する中で，その再編強化が自治体のコミュニティ施策として必要となってきた。小地域福祉活動組織もこのコミュニティ施策と関連して捉えておく必要がある。

このコミュニティ施策とは，一般に次の４点の自治体施策である。１）住民自治条例の制定，２）およそ小学校区を単位とした地域組織のネットワークとしての住民(地域)自治組織づくり，３）その組織の地区計画策定とその運営支援，４）地区計画に基づいた包括補助金の交付である。この住民自治組織は，国の地方創生施策では「地域運営組織」と呼ばれ，先進的な自治体では住民自治や自治の補完性の原理から，この地域運営組織による地域づくりを「小規模多機能自治」と呼んでいる。この名のとおり，住民自治組織はほぼ生活全般の分野を扱うが，その主たる分野は，「安全・防災」「環境」「保健福祉・子育て」「教育・学習」

である。一般には，この分野ごとに部会等が設けられるが，この「保健福祉・子育て」の分野に関して，前述した小地域福祉活動組織を**住民自治組織**が福祉部会として内包するか連携して進められている。

また，「保健福祉・子育て」分野の活動の特徴は次の4点である。1点目は，見守りやふれあいいきいきサロン等は，小学校区域よりも身近な自治会域や班域(近隣)で活動が進められる。2点目は，少子高齢化の状況から，高齢者や子ども等への福祉の視点が他のどの分野との連携も必要とし，まちづくり(地域づくり)の基盤となっている。3点目は，まちづくりの中で個々人の生活課題を出し合い話し合える分野である。4点目は，そのために他の分野以上に，行事型活動ではなく継続的，日常的な活動と学習が求められる。なお，このような地域振興施策は，国の政策では，特に過疎地域向きに「地域づくり」という表現がされるが，都市部では「まちづくり」と呼ぶことが多い。

6. 多文化共生社会の基盤としてのセルフヘルプグループ

私たちが生活していく上ではさまざまな生きづらさが存在する。その生活課題に対して同じ地域住民として共感して活動するボランティアグループなどの助け合い組織の存在は共生社会の基盤として重要である。しかしその前段に，生きづらさを抱えた当事者自身の立ち上がりへの支援が必要である。この支援を社会福祉援助ではエンパワメント・アプローチという。このエンパワメント・アプローチは専門職の援助であるが，その基本は当事者自らが立ち上がっていくことが重要である。そのための当事者自身の互助組織が**セルフヘルプグループ**（Self-Help-Group）と呼ばれているグループである。日本では自助グループや当事者組織とも呼ばれている。

セルフヘルプグループは1935年にアメリカで結成されたアルコール依存症者の会がはじまりとされている。セルフヘルプグループはそれぞれの人が抱える障がいやそこから派生する生活問題と社会との関係で生じる多様な生きづらさを共通項に集まるグループである。その中で，専門職や社会から理解されない苦しみをメンバー相互に分かち合いながら，その無理解，偏見，差別から自らを解き放ち，解放するという働きが最も重要なグループの機能である。さらに，そのグループが成長すれば，自分たちを苦しめる無理解，偏見，差別に対する社会の変革に向けた活動に向かう。このように，セルフヘルプグループは当事者本人の**エンパワメント**を伴う自己変革と社会に向けての**ソーシャルアクション**を伴う社会変革が重要な機能である。セルフヘルプグループは，このように当事者主体のもう一つの助け合い活動であり，具体的な共通の課題を起点に社会を変革していく市民活動といえる。

このように，セルフヘルプグループは本人の認識する問題でつながっているので，制度，施策の枠組みや特定の病名に縛られない多様なグループが存在する。例えば，若年アルツハイマー症者の会，高次脳機能障害者の会，ひきこもり青年の会，男性介護者の会，多胎児子育ての親の会，容貌が異形な人たちの会，うつの人たちの会，中卒・中退の子どもをもつ親の会，性について悩む人たちのグループ，パニック障害の仲間の会，性被害にあった人の会，LD 親の会等多様である。これらの多様なグループが地域社会に存在することによって，現在の制度施策で対応できない課題を抱えていたり，社会の偏見，差別から生じる孤立や排除等の生きづらさを抱えていたりする人たちが駆け込める地域社会の居場所の機能を果たしているといえる。また，結果としてその存在が多文化共生社会の基盤を形成する重要な役割を果たしているといえる。

◎学習課題◎

1．住民主体の考え方を整理してみよう。
2．住民が参加する地域福祉について，その具体例を考えてみよう。
3．民生委員・児童委員と保護司の活動及び共同募金運動についてまとめよう。
4．住民(地域)自治組織，セルフヘルプグループについて調べてみよう。

参考文献

・中田智恵海（2009）『セルフヘルプグループ 自己再生を志向する援助形態』つむぎ出版
・岡村重夫（1974）『地域福祉論』光生館
・大橋謙策（1999）『地域福祉』放送大学教育振興会
・住谷磬・右田紀久惠編（1973）『現代の地域福祉』法律文化社
・右田紀久惠（2005）『自治型地域福祉の理論』ミネルヴァ書房

参考資料

・中央共同募金会（2016）『参加と協働による「新たなたすけあい」の創造—共同募金における運動性の再生』
・これからの地域福祉のあり方に関する研究会（2008）「地域における『新たな支えあい』を求めて—住民と行政の協働による新しい福祉—」
・全国民生委員児童委員連合会（2016）『これからの民生委員・児童委員制度と活動のあり方に関する検討委員会　中間報告』

5 地域福祉の実践に学ぶ
—社会福祉専門職の実践

藤井博志

《本章のポイント》 地域福祉の実践では，ケアワークとソーシャルワーク，コミュニティワークなどが中核となる。それらを担う社会福祉専門職の実践の現状とあり方を学ぶ。また，地域福祉における施設福祉の位置をケアの変遷とともに学ぶ。
《キーワード》 地域ケア，地域自立生活支援，コミュニティワーク，コミュニティソーシャルワーク，施設の社会化と地域化，社会福祉協議会

1．社会福祉専門職による地域福祉実践

地域福祉の実践は児童・高齢・障がい等の分野別福祉に並ぶ一分野の実践ではなく，それらの各分野を住民の尊厳のある地域生活や社会参加の視点から横につなぎ，統合する実践である。具体的には，1)地域自立生活支援，2)そのための地域住民，当事者の組織づくりと運営支援，3)専門機関，地域団体等の協働促進，4)地域生活課題解決のために行政や地域社会に働きかける活動，5)その計画的実現のための地域福祉計画策定，6)それら全体を地域福祉の充実に向けて運営していく政策運営等，それぞれ一つひとつが**地域福祉実践**といえる。また，地域福祉実践は地域社会を構成する個人と組織の双方に働きかける実践である。したがって，ソーシャルワーカー等の福祉専門職は，その個人への実践だけでなく，組織的に対応することが求められる。そのため，社会福祉

に関連する専門機関が地域生活問題に敏感に反応し，地域住民と協働して開発的に創造していくための**組織マネジメント**も地域福祉実践として捉えておく必要がある。

2．地域自立生活支援の考え方と実践方法

(1) 地域自立生活支援の考え方

地域での暮らしを支える支援を地域生活支援や**地域自立生活支援**と呼ぶ。本章ではこの2つの表現のうち，自立を挿入した地域自立生活支援という用語を使用する。その理由は次の2点である。

1点目は社会福祉の支援は，単に生活を支援するということではなく，地域生活の実現を自立支援として支える実践の価値を重視するためである。日本における障がい者の自立生活運動を研究した定藤丈弘（1993）は，障がい者の自立生活理念を，上田敏（1983）の自立保障を基本的人権とする考え方に依拠しながら生存権保障，発達保障，アメリカの自立生活（IL：Independent Living）運動の理念，機会平等の理念，ノーマライゼーション理念に基づくものとして説明している。権利擁護支援における**自己決定と意思決定支援**，**社会的包摂**の政策につながる考え方として，子ども，高齢者，生活困窮者等の支援にも通じる用語である。

2点目は，1点目と関連して，「自立支援」の包括的な考え方を重視するためである。大橋謙策（2006）は**自立生活を成り立たせる6つの要件**として，1）労働的・経済的自立，2）精神的・文化的自立，3）身体的・健康的自立，4）社会関係的・人間関係的自立，5）生活技術的・家政管理的自立，6）政治的，契約的自立を示している。さらに大橋（2006）は，地域自立生活を支援するには，このように自立の捉え方を幅広く考え，そうした視点を踏まえて，福祉サービス利用者の求めと専

門職員の必要の判断からの両者の合意に基づいて展開される必要があるとしている。

(2) 生活支援としてのケアワーク

地域自立生活支援では，相談支援としてのソーシャルワークの前提として，要援護者の生活が継続できるような具体的支援が重要である。それを**ケアワーク**という。日本でケアとは「介護」と和訳されることが多い。しかし，ケアは「気にかける」「配慮する」「世話する」という見守りから介護までの幅の広い豊かな言葉である。したがって，care by the community といわれるように，**地域ケア**は専門職実践とともに，家族，近隣，友人などの地域社会関係によるケア（関わり）を重視する。

地域福祉の実践においては地域住民の関わりとともに，次のような専門職実践につながるケア実践が生まれてきた。障がい者分野において，1970年代から始まる障がい当事者の自立生活運動を支えたのは，24時間365日の生活や社会活動への参加を支えた介助者であった。高齢者分野では，1956年長野県上田市の家庭奉仕員に始まる家事支援が一人暮らし高齢者の生活援助として始まった。それは次第に「寝たきり老人」という長期間の在宅介護支援に移行し，さらに1990年代前後からは認知症高齢者の地域での暮らしを支える宅老所運動等における地域生活支援としてのケア実践に波及することになる。

(3) コミュニティソーシャルワーク

日本における地域自立生活支援に関わる相談支援は，社会資源調整技術としてのケアマネジメントとして普及する。1989年の「高齢者保健福祉推進十か年戦略」（通称：ゴールドプラン）により，要援護高齢者とその家族の総合的な相談機関として，在宅介護支援センターが設置され，さらに同センターは老人福祉法改正（1994）で老人介護支援センター（法律名）として老人福祉施設の一種に規定された。この流れの中で，およそ中学校区域というエリアとその関係者のネットワークを意識したケアマネジメントを中核とする相談援助技術が発展した。現在，それは地域包括支援センターに引き継がれている。

それと併存しながら，ケースワーク，グループワーク，コミュニティワークを状況に応じて自由に使いこなすソーシャルワークの統合化の流れがある。地域福祉実践も，それに影響を受けて，個別支援とコミュニティワークを一体的に実践する方法としてコミュニティソーシャルワークという実践方法が普及し始めている。

コミュニティソーシャルワークはイギリスのバークレー報告（1982）で提唱された実践方法であるが，日本では大橋謙策が地域福祉実践の方法として取り入れ発展させた（大橋・宮城編 1998）。コミュニティソーシャルワークは，個別支援としての地域自立生活支援，また，個別支援とコミュニティワークを一体的に行う実践として説明されたり，1節で説明した地域福祉実践とほぼ同義語で使用されることもある。このように，コミュニティソーシャルワークは，日本での展開においても個別支援とコミュニティワークから自治体域における社会福祉計画とその運営までのミクロ，メゾ，マクロ実践の幅の中で多様な解釈がされている。今後は，地域を基盤としたソーシャルワーク実践の発展とともにコミュニティソーシャルワークが理論と実践の双方において整理されていくであろう。

なお，コミュニティソーシャルワークは制度の狭間と呼ばれるケースに対応することが多いが，それらのケースは，1）家族支援を伴う複合多問題ケースの中でキーパーソンが不在であること，2）諸要因によって，社会から孤立していること，3）対応する制度やサービスの支援システムが不備であること，４)地域社会の課題として認識されていないこと，等の特徴をもつ。

また，コミュニティソーシャルワーカーには，「コミュニティソーシャルワーカー」という固有の職種として配置される福祉専門職とコミュニティソーシャルワークを方法として実践する一般の福祉専門職がある。前者は，基礎自治体の施策によって，もっぱら制度の狭間の問題に対応する総合相談支援員として配置されていたり，地域福祉コーディネーターという呼称で配置されていたりすることも多い。その一方で，後者は，地域包括支援センターの社会福祉士や障がい分野の相談支援員，生活困窮者自立支援法に基づく自立相談支援員等であり，分野別という制約はあるが，地域自立生活支援を志向するジェネラリスト・ソーシャルワークを実践するソーシャルワーカーが該当する。

(4) コミュニティワーク

コミュニティワークは地域基盤自体の希薄化，脆弱化から生じる地域生活課題に対応するための社会福祉関係者の地域援助技術である。そして，保健師活動，一級建築士によるまちづくりコンサルテーション，また地域リーダーの実践方法として，地域づくりに関係する多様な実践者が使用する方法としても広がっている。人々が暮らす地域社会の基盤自体が脆弱化している今日では，地域福祉実践においては社会福祉専門職が使うコミュニティワークは，他の地域づくりに関わる専門職や地域リーダーと共有できる媒介機能をもった実践として，ますます重要になってきたといえる。

コミュニティワークは日本における戦後の民間福祉育成施策として，アメリカから社会福祉協議会と共同募金の輸入とともに，**コミュニティ・オーガニゼーション（地域組織化）**技術として輸入された。コミュニティ・オーガニゼーションとは，日本で取り入れられたその代表的実践モデルであるマレー・ロス（Ross, M.G.）の定義を要約すれば，「コミュニティがその地域のニーズの優先順位と解決目標を計画し，それに向けて地域住民同士の協働的な態度と実践を進展させる過程（統合化説）」となる。なお，日本では1970年代後半頃から，イギリスの地方自治体サービス法（1970）以降の地域ケアの考え方に影響を受けて，コミュニティワークと呼ばれるに至っている。また，近年では個人への支援（個別支援）との対比として「地域支援」という表現が多用されている。なお，コミュニティ・オーガニゼーションも，当事者発の社会変革の方法として，**コミュニティ・オーガナイジング**として再注目されつつある。

3. 社会福祉専門職の地域福祉実践の特徴

ソーシャルワークやケアワークなどの社会福祉の専門職実践における地域福祉実践の特質はなんであろうか。地域で実践する社会福祉実践は，すべて地域福祉実践であろうか。ここでは，専門職による地域福祉実践の特質を次の2つの実践形態からみてみよう。

(1) 当事者・住民との協働

地域における当事者と地域住民の関係は，その障がいの有無に関係なくすべての人が地域住民としては対等である。また，個々の人生において，支援者になる時期もあれば，要支援者になる時期もある。地域福祉実践では社会福祉制度のサービス対象者・利用者となる人たちを支援対象者として固定化せず，一般住民の誰もが支援の対象になりうるという考え方を基盤とする。また逆に，当事者も地域を担う住民であるという考え方を重視する。このように考えると，当事者と地域住民は相互に転換する関係として共感し，共生する関係にある。

一方，当事者・住民と専門職の関係においては生活問題を担う当事者や住民を生活の主体としながら，専門職が地域に参加し，当事者・住民と協働して解決していく実践が地域福祉実践の場では求められる。

(2) 早期発見・早期対応を伴う開発実践

地域福祉における「地域」という場は，問題発生の場とともに問題解決の場と捉えることができる。地域は絶えず，暮らしの問題が発生する場である。「問題」が発生するというのは，それに対応する住民の意識や態度，制度施策，しくみ等が整っていないということでもある。したがって，地域福祉の実践は現状の制度や施策が対応できない課題に対応する実践であるといえる。すなわち，**ボランタリズムに依拠する開発的，自発的社会福祉が地域福祉実践の特質**である。

この開発実践には３つの方法がとられる。１つは行政が施策化すること，２つには福祉事業体が自らの財源で事業化すること，３つには，当事者，住民，専門職などの関係者のネットワークにより協働解決していくことである。この３つの方法は個別独立したものでなく相互関係にある。また，これらの開発を進める力の源泉は３つ目にあげた当事者・住民を基盤にした関係者のネットワークである。なお，このネットワークが生み出す開発領域とは，およそ，**「地域社会開発」「地域福祉のネットワーク開発」「地域ケアサービスの開発」**の３領域が想定される。地域社会開発とは地域住民の共同性や福祉性を高めるため共生社会づくりと，問題解決力を形成する地域住民への主体形成支援である。また，その主要技術はコミュニティワークである。この共生社会づくりの基盤において支えられない課題に対して，多様な主体の協働を促進するネットワーキングが地域福祉のネットワーク開発として求められる。いうならば，協働開発のための場づくりと言い換えられる。

さらに，このような協働や連携で解決できない課題に対して，地域ケアサービスの開発が求められる。一般に社会資源の開発というと，この地域ケアサービスの事業化が想像されるが，地域社会開発からネットワークの開発の過程を経ない地域ケアサービスの事業化は地域社会のものにならず，ニーズと乖離しがちである。したがって，この３つの開発の相乗作用による開発実践が重要である。

なお，この３つの方法では困難な状況にある課題に関してはソーシャルアクションという運動的な方法が採用される。

4. 地域福祉実践の推進主体

地域社会に存在するあらゆる組織は，地域福祉の推進主体になりうる。言い換えれば，地域福祉の推進主体かどうかは，その組織が地域福祉を志向するかどうかで決まる。その意味では当事者・地域住民，社会福祉専門職だけでなく，保健医療関係者，NPO，生協，農協，まちづくり関係者，企業などの多様な主体が想定される。ここではその中でも２つの社会福祉の実践主体について解説しておくことにする。居住型の社会福祉施設と社会福祉協議会である。

(1) 地域福祉からみた社会福祉施設の変遷

① 社会防衛，隔離，保護としての社会福祉施設と地域福祉の関係

社会福祉施設とは，端的にいうならば，さまざまな理由により地域生活が困難とみなされた人たちの収容から始まった。それは，ハンセン病棟のように社会防衛思想に基づく隔離施設から，障がいのある人たちの「命を守る砦（とりで）」として考えられた保護施設まで，社会や地域のさまざま

な意識，イデオロギーによって設立されてきた。しかし，このことは2つのことを生み出したといえる。1つは，入所可能な社会福祉施設ができたことで地域では実現できなかった24時間365日対応の支援が確立した。その一方で，社会福祉対象者の支援を施設入所のみに求める限り，地域社会から，その問題の排除の結果として，地域社会の問題解決力の低下を招くことになる。

②　施設の社会化による地域ケアのはじまり—施設の社会化

イギリス等ヨーロッパの国々では精神障がい者の地域ケアとして，施設，病院と在宅を結ぶ中間施設や在宅ケア施設が整備されていった例がある。日本では，急速な高齢化が，社会から隔離されていた施設を地域に迎え入れる大きなインパクトとなった。高齢社会とはほぼ全員が要介護高齢者という障がい者になる時代の到来を意味しているといっても過言ではない。すなわち，地域住民の切実な要望として身近な地域ケア資源として社会福祉施設が求められるようになったのである。

この前段に，社会福祉施設の「**施設の社会化**」の努力がある。在宅福祉施策が進まなかった1970年代中期から1980年代にかけて，施設資源を地域に提供することから地域ケアの取り組みが始まった。この取り組みを施設の社会化という。施設の社会化には，**機能の社会化**，**処遇の社会化**，**運営の社会化**，**問題の社会化**の4つの社会化がある。施設機能を地域に提供すること（機能の社会化），地域住民が施設にボランティアとして入ることによって，閉鎖的になりがちな施設の環境や運営を変えること（処遇と運営の社会化）が一般には期待される。しかし，施設の社会化にとって最も重要な機能は「問題の社会化」である。地域の弱さ，つまり地域自立生活の条件の不備の課題を受け止めてきたのが社会福祉施設であるからである。社会福祉施設はこの問題を再び地域に投げかけ，地域で暮らせる条件づくりを地域と共につくっていく実践が問題の社会化である。そして，その問題意識は施設の地域化という実践に向かうことになる。

③　施設の小規模化と地域化

1990年代からは児童福祉施設や障がい者福祉施設の個室化や小規模化が進み，自宅のような生活環境が目指されることになる。高齢者の認知症ケアでは本人中心の生活環境の整備がとりわけ重視されたことから，地域生活を意識した，集団処遇から個別処遇の転換がケアの実践者によって展開された。例えば，1）施設入所者が地域の民家で過ごす日をつくる（逆デイサービス），2）その取り組みを施設の空間で作る（当初のユニットケア），3）さらに，そのユニットの形態をグループホームとして地域に分散化させる（グループホーム），4）そしてさらに，在宅の認知症高齢者を地域の民家で家族支援とともに状況に応じた柔軟で多機能な支援で生活を支える（宅老所）という展開である。このような実践を**「地域密着・小規模・多機能」**と呼ぶ**施設の地域化**の実践である。これらは，介護保険制度においては2005年に地域密着型サービスとして制度化された。

④　社会福祉法人施設への地域貢献の要請

近年では福祉サービスの多元化の中で，社会福祉法人の税制優遇に対して規制緩和の要請が強くなっている。しかし，社会福祉法人が運営する要援護者への24時間365日の生活支援は公共性が高い。社会福祉は国民のセーフティネットとしてのしくみである。そのことの国民への理解のために，高い公益性を有する社会福祉法人に求められる役割の一つとして，**地域における公益的な取り組み**が，社会福祉法人制度改革（2016）として定められた。この地域における公益的な取り組みは，入居者の生活の豊かさを確保すると同時に，地域で生活できる条件を地域住民とともに実体化していく社会福祉法人施設の社会的使命であろう。

（２）社会福祉協議会という地域福祉推進組織の特徴

社会福祉協議会（以下，社協）は戦後のGHQ（連合国軍総司令部）による社会福祉の民主化政策の一環としての厚生行政の中での公私分離の原則から生まれてきた。すなわち，社会福祉の公的責任を明確にする一方で，「私」である民間社会福祉事業の振興策として，共同募金とともに社協が日本に輸入されたのである。社協は民間社会福祉の連絡調整機関として，1951年に中央社会福祉協議会（後の全国社会福祉協議会）が設立され，同年にはすべての都道府県社会福祉協議会が設立された。2000年の社会福祉法では，社協は「地域福祉の推進を目的とする団体」として位置づけられている。また，社協は全国，都道府県・政令指定都市，市区町村ごとに一か所ずつ設立されている公共性の高い社会福祉民間団体である。

市町村社会福祉協議会の機能は社会福祉法第109条では次の４点が定められている。１)社会福祉を目的とする事業の企画及び実施，２)社会福祉に関する活動への住民の参加のための援助，３)社会福祉を目的とする事業に関する調査，普及，宣伝，連絡，調整及び助成，４)社会福祉を目的とする事業の健全な発達を図るために必要な事業，である。さらに社協は自治体内にある社会福祉・更生保護施設の過半数の参加が規定されている。しかし，最も重視されるのは，地域住民を中心として多様な主体の地域福祉の広範な参加を促進することが期待される組織という点である。

以上を要約すれば，幅広い関係者の参加を得て，地域生活課題を共有し，必要に応じて自らも活動を事業化することが社協の機能といえる。その観点からみると，社協の重要な機能は広範な主体の**「協議・協働の場」**をつくり，運営することにある。そのため，社協組織自体が理事会，評議員会，各種部会・委員会などを通じて地域福祉を協議するための協議体であり，その運営自体が地域福祉実践であるという認識が必要である。

以上のことと関連して，社協は２つの組織機能をもつ団体といえる。１つは，地域住民が地域福祉を進めるための**住民主体の協議体機能**である。もう１つは地域福祉推進のためのケアワーカー，コミュニティワーカー，ソーシャルワーカーなどの専門職を有した**地域福祉専門機関**としての機能である。地域住民からすれば，社協は自分たちが福祉のまちづくりの活動をするための組織であり，地域のしくみそのものであると同時に，その住民活動を補佐したり協働したりする専門職集団を有した組織である。それは逆に，専門職からすれば地域住民をはじめとする多様な主体との協働が図りやすい組織といえる。

以上のように，全国の自治体に設立されている社協は，それぞれの地域の歴史，文化，地域住民の福祉意識，地域愛，また自治体行政の姿勢等により，活動や事業も多様であるとともに，その組織の質も一律には語れない。しかし，社協の機能は地域福祉の住民参画組織，また地域福祉の中間支援機能をもつ地域福祉実践組織としての意義と可能性が大きい。

5. 地域を支え，地域とともに当事者を支える地域福祉実践の形態

近年，コミュニティソーシャルワーカーや地域福祉コーディネーターという名称の地域福祉実践を行う福祉専門職を配置する社協がみられるようになった（３節参照）。ここでは文京区社会福祉協議会（東京都）に配置されている地域福祉活動コーディネーターの実際の活動から学んでみたい。

（1）　地区担当制に基づく地域福祉実践の新たな形態

文京区社協の地域福祉実践には組織総体として多様な活動がみられるが，**地域福祉コーディネーター**は小地域福祉活動分野を担当している。区内を４地区に分割し，地域福祉コーディネーターをそのエリアごとに配置している。この地区担当制は文京区社協の地域福祉実践の特徴の一つである。つまり，地区内に居住する要支援者，地域住民とその地域全体を一体的に援助する実践形態である。地域福祉実践における地域への働きかけは，各地域の特性に応じた多様性を促進すると同時に，全地域の全体の福祉水準を高めていく２つの視点が重要である。そのための地区担当制の組織マネジメントは重要な地域福祉実践といえる。また，地域福祉コーディネーターの実践は基本的には地域に出向くという**アウトリーチ型**であり，制度の狭間の個別（人）支援のための福祉資源をつなぐ実践や資源開発のためのネットワーク形成が主要な実践である。文京区社協の地域福祉コーディネーターは個人支援と地域支援の双方向の実践

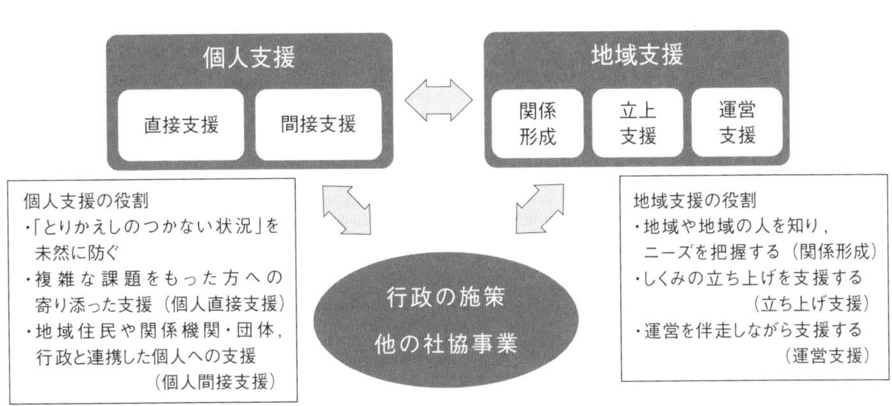

出所：文京区社会福祉協議会（2015）

図５－１　地域福祉コーディネーターの役割
個人支援と地域支援，そして行政の施策や社協事業との連携へ

から暮らしづくりを進めている。

図５－１は文京区社協の地域福祉コーディネーターの役割を説明した図である。個人支援（直接支援・間接支援），地域支援（関係形成・しくみの立ち上げ支援・運営支援）とともに，区全域に支援を広げるべき課題がある場合には，行政施策や社協の他の事業としてしくみの構築を提案していくことをその役割としている。

（２） 実践例

図５－２は，ひとり親家庭への子どもの支援から，子どもの居場所づくりを通した地域の問題解決力が形成されるまでのプロセスを示す。地域福祉コーディネーターが一人でいる子どもの問題の相談を受けた。その子どもの支援を関係者と連携して支援を展開する（直接支援と間接支援），その支援過程の中で関係者の問題意識が共有される（関係形成支援），その関係から子どもの居場所づくりという社会資源開発が始まる（立ち上げ支援）。その後，その活動が継続して進められ，広がるような支援を展開する（運営支援）。居場所の運営委員会という新たなネットワーク形成である主体の立ち上がりである，その主体が地域生活課題を解決していく地域力となっていくのである。もちろん，個人支援からこの事例は始まっているが，それ以前の多様な活動からこのひとり親家庭の生活問題に対する共感者の主体性が育っていたからこそ，この問題に対する協力者を得ることが可能であった。すなわち，個人支援と地域支援は相互循環的であり，同時多発的な関係である。地域福祉コーディネーターは，このように担当地域の生活問題・福祉問題を住民と協働しながら解決しつつ，地域の福祉力としての住民の主体的な力を高めていく支援を地域支援として実践し，地域の問題解決力を高めていくことを目的として実践している。

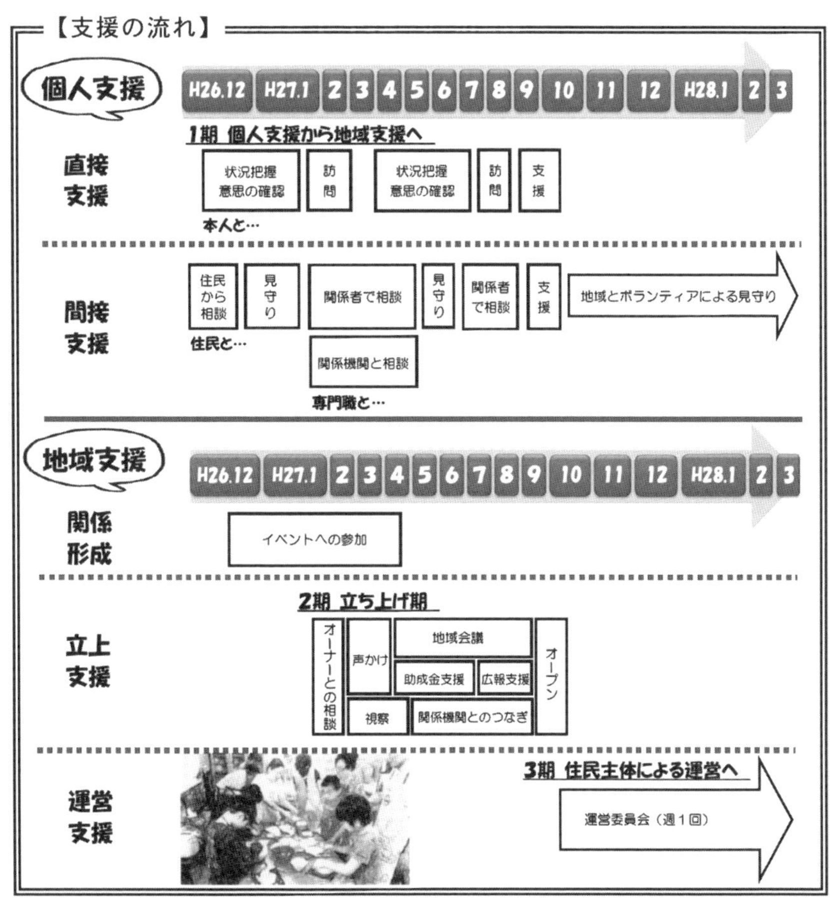

出所：文京区社会福祉協議会（2015）

図５-２　子どもの居場所づくり支援の展開

◎学習課題◎

1．地域自立生活支援の考え方をまとめよう。
2．地域自立生活支援におけるケアワーク，コミュニティソーシャルワーク，コミュニティワークについて，その役割と機能をまとめよう。
3．専門職による地域福祉実践の特徴をまとめよう。
4．社会福祉施設，社会福祉協議会に求められる今日的な役割をまとめよう。

参考文献

・藤井博志（2019）『地域福祉のはじめかた』ミネルヴァ書房
・マレー・G・ロス著，岡村重夫訳（1968）『改定増補：コミュニティ・オーガニゼーション―理論・原則と実際―』全国社会福祉協議会
・大橋謙策・宮城孝編，日本地域福祉研究所監修（1998）『社会福祉構造改革と地域福祉の実践』万葉社
・大橋謙策（2006）「地域自立生活支援のイメージ」日本地域福祉学会編『新版地域福祉事典』中央法規出版
・定藤丈弘（1993）「障害者福祉の基本的思想としての自立生活理念」定藤丈弘・岡本栄一・北野誠一編『自立生活の思想と展望』ミネルヴァ書房
・上田敏（1983）『リハビリテーションを考える』青木書店
・山口稔（2010）『コミュニティ・オーガニゼーション統合化説―マレー・G・ロスとの対話―』関東学院大学出版部

参考資料

・文京区社会福祉協議会（2015）『地域福祉コーディネーター活動報告―4地区配置の成果と今後の展望―』
（注）本報告書は平成24年度から毎年報告されている。文京区社会福祉協議会ホームページで閲覧可能。

6 小地域福祉活動とまちづくり

藤井博志

《本章のポイント》 地域福祉活動の原点といえる小地域福祉活動の目的，組織，活動の基本的理解を深める。また，現在の地域における人のつながりの希薄化への対応やコミュニティの再生の基盤の活動となる見守り活動を学ぶ。また，今後のまちづくりとして地域経営と中間支援機能，仕事づくりの機能を取り入れた活動のあり方を学ぶ。

《キーワード》 小地域福祉活動，小地域福祉推進組織，福祉のまちづくり，見守り活動，地域経営，中間支援機能，仕事づくり

1．小地域福祉活動の今日的意義

（1） 小地域福祉活動の歴史

小地域福祉活動における小地域とは，地域住民が地域の合意形成を図りやすい**自治的基盤を有した身近な日常生活圏域**であり，それは，普段の生活の中で生活課題に気づいたり共有し合ったりする圏域である。具体的には，班・組等の近隣から自治会域，広くても地区，小学校区域，公民館域までの範域の住民福祉活動が想定されている。

小地域福祉活動とはこのような日常生活圏域で，地域住民の協働活動によって地域の生活課題や福祉課題の解決を通してまちづくりを進める地域住民の自治的な福祉活動である。この活動は戦後にアメリカから輸入されたコミュニティ・オーガニゼーションのうち，マレー・ロス（Ross, M.G.）の日本的展開モデルである。日本においては，住民の保

健福祉領域の予防的なまちづくりの普及として，1959年から始まった**保健福祉地区組織活動**の展開から実践の実体化が進められてきたといえる。その後，この活動が社会福祉の展開では社会福祉協議会を中心とする小地域福祉活動として展開された。また，保健分野では保健師による地区保健活動として発展している。

このように，小地域福祉活動が始まった1960年代は，カ・ハエをなくす運動や農村婦人の健康問題と乳児死亡率への対策など，公衆衛生と関連した多数の住民に共通する地域生活課題が取り上げられた。1970年代後半からは，高齢者，障がい者などへの在宅福祉活動が始まり，今日に至っている。

(2) 小地域福祉活動の再注目

近年，この小地域福祉活動が再び注目されている。それは，次の理由が考えられる。1つは，**社会的孤立の広がり**である。少子高齢・人口減少とともに進む世帯の縮小化や単身化により，これまで世帯つながりで維持されてきた地域コミュニティのつながりが急激に希薄化してきている。これと格差社会を起因とする貧困化が相まって社会的孤立が深まっている。改めて，この状況を踏まえた地域のつながりやまちづくりのあり方が問われる状況になってきているといえる。

その具体的な活動として，孤立状況にある地域住民への取り組みとして「見守り活動」が古くて新しい取り組み課題として取り上げられるようになった。これまでの見守り活動の主たる目的は安否確認であったといえる。しかし，今後目指されている見守り活動は，孤立状況の近隣へ気にかける行為を通した近隣同士のつながりづくりであり，誰もが孤立しない安心と福祉のまちづくりが目的となってきている。

2. 小地域福祉推進組織の活動とその目的

(1) 小地域福祉活動組織の目的―福祉のまちづくりと福祉コミュニティ

小地域福祉活動は自治的な住民福祉活動である。したがって，その圏域にいる地域住民のある一定の承認と参加のもとに，その活動課題が地域に共有され，地域全体で取り組む課題として地域課題化することを重視する。その場合，自治会やまちづくり協議会等の一般コミュニティ組織では地域住民の大多数の問題は取り上げられやすいが，福祉問題などの少数課題は取り上げられにくいという傾向がある。例えば，ひきこもりの若者やその家族は，地域社会の偏見の中で，生活することへの生きづらさを抱えていることもある。このように，地域においては要介護高齢者の問題のように，多数の住民の課題として地域社会全体の理解が進み，一般コミュニティにおいて取り組みやすくなった課題と，依然として地域社会の偏見や無関心の中で孤立した状況で苦しんでいる少数の当事者が絶えず存在している。後者の場合は生きづらさを抱えた当事者を中心にその住民の共感者や専門職の連帯の輪としての**福祉コミュニティ**が必要である（岡村 1974）。

現代の社会においては，地域社会全体が取り組む福祉のまちづくり活動とともに，少数の福祉課題を取り上げる福祉コミュニティの形成という両者の取り組みを進める**小地域福祉推進組織**が必要である。この小地域福祉推進組織の存在意義と必要性を次の5点に整理しておく。1)地域住民の福祉力を蓄積する組織がなければ地域は発展しない，2)暮らしの困り事，私のつらさを話せる組織が地域には必要，3)コミュニティ活動の中で，福祉活動には継続性が求められる，4)福祉活動は暮らしの基盤となる活動になっている＝福祉でまちづくり，5)小地域福祉組織が活発な地域ほど，問題が顕在化しやすく，SOSを発見できるため，行政などの対策も進む。

(2) 小地域福祉推進組織の形態と活動

小地域福祉推進組織の形態と活動はその地理的範囲と関連して多様である。組織形態は4章で説明した地縁型組織とアソシエーション型組織や，その中間的な組織形態をとる。地域ボランティアグループから自治会福祉部，地区社協，まちづくり協議会福祉部等多様である。また，その地理的範囲によって活動内容も変わる。本章が取り上げる見守り活動は自治会域の圏域での活動が想定される。しかし，小地域福祉活動の目的は，このような具体的な活動にあるだけではなく，その活動を通して，組織活動力を住民自身が高めたり地域力として地域に蓄積していくことにある。このことは地域の福祉力形成に貢献する。

地域の福祉力とは地域福祉における住民の主体力であり，小地域福祉活動の基礎的活動といえるものである。図6-1は，「つながり」「見守り」「支え合い」などの一般に見える具体的活動と基礎的活動の関係を表したものである。地域住民やそれを支援する専門職も外側の具体的な見える活動展開を目標とする。しかし，最も重要なのは，この図の中央にある基礎的活動である。基礎的活動には，1)知る（調査・ニーズ集約），2)学び合う（学習会），3)担い手をつくる（人材育成），4)知らせる（広報），5)話し合う（住民懇談会），6)ビジョンをつくる（活動企画，計画づくり）が含まれる。この基礎的活動である1)から6)の活動は，地域の福祉力を形成する上で重要な活動で，住民による地域生活問題解決のための民主的な協働関係や問題解決力を高める活動である。この基本的活動の力がつけば，新たな地域課題が起こっても地域住民は内発的，自発的に対応していくことができるのである。

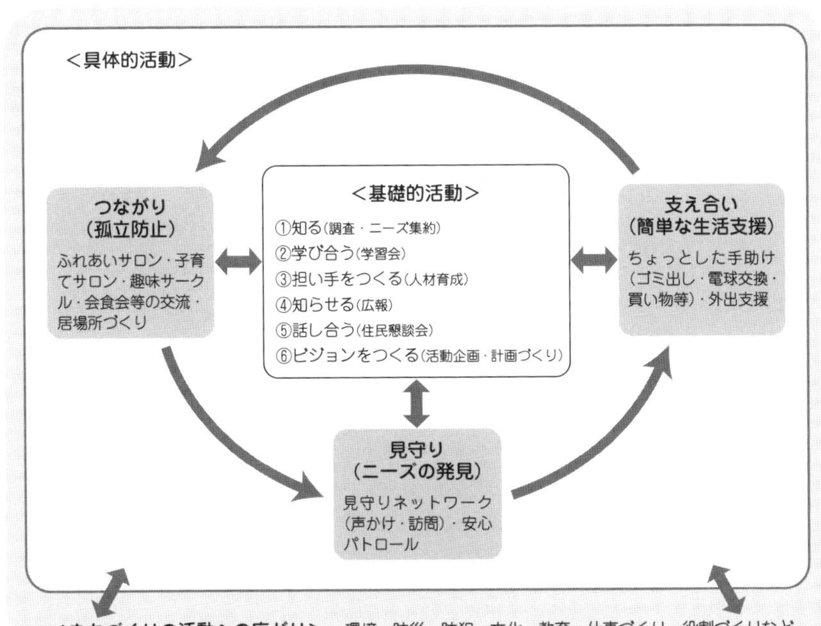

出所：奈良県社会福祉協議会（2012）

図6－1　小地域福祉活動の枠組み

3. 見守り活動の形態とその展開
—安否確認型から福祉のまちづくり型へ

（1）　見守り活動とその形態

見守りの機能とは一般に安否確認と状況確認の機能が考えられる（小林 2011）。安否確認とは緊急事態かそれに近い状態への確認であり，緊急時の対応（含む，災害時）につながる。また，状況確認は日常生活状態の状況への確認であり，日常生活の支援（鍵の管理，買い物，ゴミ出し，ちょっとしたお手伝い）につながる活動である。

さらに，見守り活動には専門職の見守りと住民の見守りがある。専門職の見守りはサービス・支援対象者への見守りであり，専門的援助の一環として実践される。しかし，専門職の実践はその所属する機関に制約されて，対象者の属性や対象者数，訪問頻度などの制約がある。一方，地域住民による見守り活動はお互い様のご近所関係の中で**「気になる人に気をかける行為」**として安否確認，状況確認が行われ，専門職の活動にある制約がなく，日常生活行為の延長線上にある自然な行為である。それは業務や義務ではなく，また，住民監視でもなく，あくまでも地域住民としての仲間意識や共感感情から発露する日常的かつ自発的な行為である。そして，それは行政による安否確認を目的とする悉皆(しっかい)的な見守り活動からみれば，任意的で漏れのある活動でもあるが，制度に縛られず，早期発見を可能とする優れた予防活動ともいえる。

地域住民の見守り活動は，子どもの見守りを想像するとイメージしやすい。それは，子どもをいつくしむ心と信頼関係に基づく，相手に対して気にかける，心配する行為である。そして「気にかける」とは，必要に応じて，世話を焼く，口を出す，手をさし出す行為も含む，声かけから世話焼き（ちょっとしたお世話）までの連続的な行為である。すなわち，気にかけると同時に支援を行っているのが住民の見守りの特質である。このように住民の見守り活動は，行政対策的な悉皆(しっかい)的な見守りとは性質が異なる。さらに，住民の日常的な見守りの土壌の上に専門職の見守りがあることが望ましい。

(2)　安否確認型から福祉のまちづくり型へ

図6-2はこれまでの住民による見守り活動と今後の見守り活動としての福祉のまちづくり型を比較したものである。従来の安否確認型見守り活動とは，図の左側の活動過程である。福祉票などの要支援者台帳を

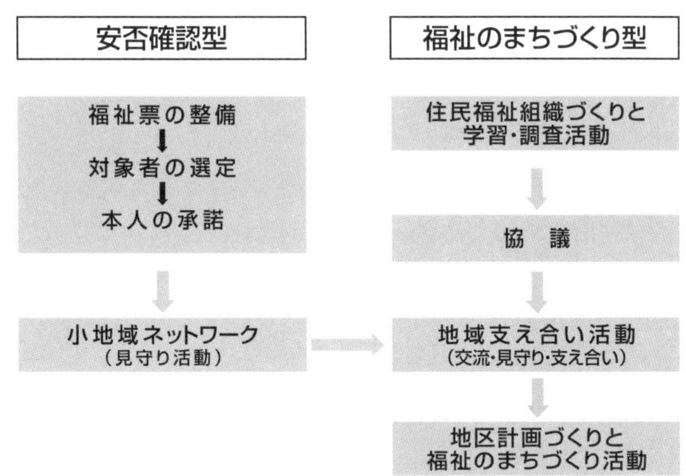

出所：筆者作成

図６－２　見守り活動の２つの展開方法

整備し，その中から見守り対象をスクリーニングし，本人の同意を得た要支援者に見守る人を配置するという活動である。この方法は，特定の対象者に対する安否確認の方法である。

しかし，今日では次の点が課題となってきている。１つ目は，対象者ごとの点の活動となっており，見守り対象者の地域での社会関係を広げる面の活動にはならない。したがって，見守られる人と見守る人の関係は，相互につながり合う関係として成立しにくい。２つ目は，この見守り対象を限定した活動は，ある程度，地域のつながりがある地域では有効であるが，近年にみるように，広範に社会的孤立が広がっている状況においてはその効果が得にくい。３つ目は，１対１の点の活動であるため，見守り対象者の個別の生活課題から地域課題の取り組みとして広がりにくい。したがって，地域全体の取り組みになりにくい。

安否確認型見守り活動の限界を踏まえると，社会的孤立が広範に広がっている地域の現状においては，**福祉のまちづくり型見守り活動**が有効である。この活動の特徴は次の２点があげられる。１つ目は福祉のまちづくり型見守り活動では対象を限定せず，制度枠の視点で地域住民をみようとしない。交流の中から，気になる人，すなわち何か困っている人を地域の仲間として気遣う対象にするといった発見の方法をとる。特徴の２つ目は，福祉のまちづくり型見守り活動では地域での協議・協働の場をつくりながら，取り組む。図６－２の右側の活動過程はそれを示している。ここでは小地域福祉活動の基礎的活動としての組織づくり，学習，調査，協議等を行いつつ，そこから生み出される地域支え合い活動の一つとして見守り活動が取り組む過程を想定している。このような過程を経た活動は地区計画づくりや将来を予測した福祉のまちづくり活動に展開しやすい。そして，最も大切な点は，地域住民の自発性と地域の中に存在するつながり合いたいという潜在的な要求や力を引き出す活動という点である。

4．住民と専門職との連携

福祉のまちづくり型見守り活動が発展すると，地域住民は制度枠にとらわれない多様な個々の住民ニーズを発見することになる。それは，個々の要支援者の支援ニーズであり，地域で取り組むべきニーズである。この場合，専門職が住民と協働する上での要点は次の３点である。１点目は，**生活の場で協働する**ということである。住民が発見した支援困難ケースを専門職だけで解決しようとしても，虐待ケースなどの専門職中心に支援する緊急対応ケースを除いては，有効な支援とはならない。地域の社会関係から対象者を引き離すことなく，むしろその社会関係の力を借りて，住民と協働しながら支援することが地域自立生活支援のポイントである。このような支援を，ソーシャルサポートネットワークという。

２点目は，地域住民に対し専門機関の相談先を明確に知らせることである。特に制度の狭間の問題に対して，とりあえず，受け止め，駆けつける専門機関窓口を住民に対して明確にすることが必要不可欠である。

３点目は住民の相談や住民が発信した課題をワンストップで受け止め，対処する専門職間の連携である。この相談体制を**総合相談支援体制**という。見守り活動は，行政，専門機関の総合相談支援体制の充実と連携して発展していくことが望ましい。なお，住民による見守り活動から発見された問題を受け止める総合相談は，社会福祉協議会や地域包括支援センター等の住民により身近な圏域に配置された機関にその役割が期待される。

地域のつながりが希薄化し，社会的孤立の問題が広がるなかで，福祉のまちづくりとして行われる住民による見守り活動は，住民の自発性に依拠しつつも，住民だけで進めることも困難である。その意味でも専門職や行政と住民との協働が求められる。

5. 小地域福祉活動から包摂型のまちづくりへ　―北芝の地域経営

これまで述べてきた小地域福祉活動とその活動組織，および小地域福祉活動の基盤となるまちづくり型の見守り活動は，単身化する少子高齢社会における社会的孤立対策としてその必要性は高まってきている。

さらに，グローバル経済の進展の影響による貧困格差と排除を伴った地域衰退に対する持続可能なまちづくりのためには，**地域経営の視点**が今後必要となってくると思われる。この場合の経営＝マネジメントとは，組織の目標に対して，所有する資源を効果的，効率的に運用する方途を指す。地域福祉のまちづくりの目標は，地域共生社会という包摂型のまちづくりである。また，そのための資源とは地域の歴史，文化をはじめとした地域特性（地域空間），住民の地域への愛着・共同性からなる地域組織，公共財等地域にあるあらゆる資源を指す。ここでは，地域経営の視点から**包摂型のまちづくり**に取り組む北芝地域の活動を紹介する。

（1） 北芝のまちづくりの活動

北芝とは大阪府箕面市萱野地域にある約200世帯の地域の名称である。「人権と福祉と教育のまちづくり」を目標に1970年代からまちづくりを進めてきた。その活動は北芝の小地域を基盤にしながら，小学校区域，全市に広がりをもつ。さらに2014年にはCMO（コミュティ・マネジメント・オーガニゼーション）として，図6-3にあるように5つの団体からなる総合的な地域経営を展開している。

ここでは，その内のNPO法人暮らしづくりネットワーク北芝（以下，ネットワーク北芝）と合同会社イーチを取り上げる。ネットワーク北芝は北芝のまちづくりのための**中間支援機能**を担う団体である。北芝の中核施設である隣保館（らいとぴあ21）を拠点に図6-4にある多様な活動を展開している。その特徴は，地域内外の若者が雇用され，コミュニティワーカーとしてまちづくりに従事している点にある。このワーカーたちが地域のニーズを把握する方法を**「つぶやき拾い」**と呼んでいる。近年のソーシャルワークでは，相談面接やアウトリーチの訪問，社会資源開発が強調される。それに対して，ネットワーク北芝のスタッフ（コミュニティワーカー）は，最初から地域に入り込み，地域住民との交流や会話から地域住民のニーズをキャッチし，つぶやきの発信者が暮らしをつくるお手伝いをする。それが地域全体にも良いものであれば地域の

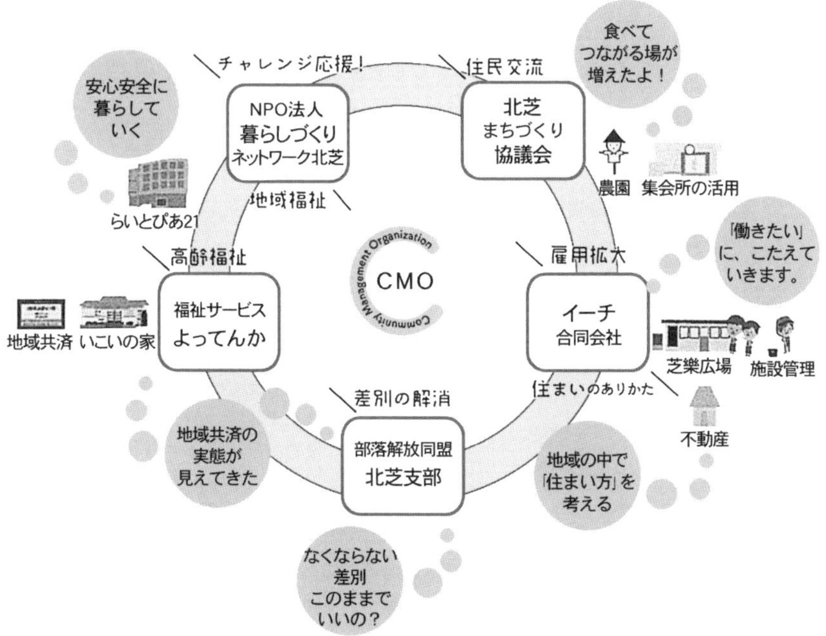

出所：CMO（2021）

図６－３　CMO の役割分担の図

活動や事業となる。すなわち，活動や事業を起こす起点は地域住民のつぶやきであり，その事業化の原動力は共につくっていく協同力である。

ここでは，その事業の一例として，**地域通貨**「ま～ぶ」を紹介しよう。「ま～ぶ」は，子どもが地域の仕事に関わる中で地域で育つことを目的に運営されている。しかし，「ま～ぶ」は地域住民の誰もが使える。また，近隣にある大規模商業施設をはじめ地域にあるほとんどの場所で使える。子どもは「ま～ぶ」を稼ぐために地域の仕事に関わる。また，そのしかけとして企画される「ま～ぶ夢コンテスト」は，子どもがま～ぶを稼ぎ，それを使って夢を実現するまでを，ネットワーク北芝のワー

▼事業一覧

地域ささえあい推進室

＜生涯学習，啓発事業＞
- 展示コーナー活用事業
- 識字教室事業
- 地域団体，住民交流事業
- 社会課題発信事業

＜ささえあいアクションプラン＞
- 地域防災
- 共生型しごとづくり
- まーぶの活用
- 集会所活用
- 地域共済

＜若者自立支援＞
- コーヒー焙煎・チャレンジカフェ事業
- ネットワーク構築・実践交流事業

＜相談事業＞
- 総合生活相談（らいとぴあ）
- 仕事サポート事業（らいとぴあ）
- 当事者活動・ネットワーク形成事業（らいとぴあ）
- 生活困窮者就労準備事業（本体事業）
- SNS相談（本体事業）

地域教育推進・子育て支援室

＜子ども居場所開放事業＞
- ぴあぴあルーム
- AOBAカフェ

＜子ども食堂事業＞
- ぴあぴあ食堂

＜子ども・若者のはたらく体験事業＞
- まーぶハローワーク
- まーぶ夢コンテスト
- まーぶボランティア
- 子ども，若者商店

＜防災体験事業＞

＜子どもの学習サポート事業＞
- 個別学習事業
- 小学生集団学習
- 中高生学習会

＜高校中退・不登校向けアプローチ事業＞

＜サークル支援事業＞
- ボランティアタイム

＜サポーター活動応援事業＞

統括本部

＜法人業務＞
- 法人基幹業務
- まーぶ発行管理および広報業務
- 視察講師派遣
- サポーター・インターン受け入れ

＜広報業務＞
- SNS発信・通信・ニュースレターの発行など

＜総務＞
- 会計
- 労務管理
- 施設管理

出所：CMO（2021）

図6－4　暮らしづくりネットワーク北芝 事業一覧（2020）

カーや地域が応援する。このように，地域の大人との関係性の中で育つ子どもは地域の役に立ち，ほしいものを稼ぐことを通して自己肯定感や地域の愛着が醸成される。北芝の消防団は若者に人気の組織である。

イーチ合同会社は，地域の高齢者，若者，障がいのある人等の地域雇用の創出，とりわけ相談機関と連携した就労困難層への就労の場の確保を行う。地域内拠点としての広場（芝樂）にある地域店舗の運営をはじめとして，コンビニ経営，大手アパレルとの連携事業，市全域のビルメンテナンス等多様である。これらの取り組みから，若者たちが資源回収事業を行う一般社団法人 YDP を設立し分社化している。その事業は近隣自治体にも及び，近隣高校や生活困窮者自立支援事業とも連携して多様な若者が働く場として浸透してきている。

（2）　北芝のまちづくり特徴

北芝の特徴的な活動を紹介したが，その全体の特徴は次の6点である。1）人権と教育を重視した包摂型のまちづくり，2）子どもから高齢者までの全世代の参加，特に若者が参加するまちづくり，3）暮らしのニーズ全般を対象にした活動・事業，4）拠点を地域に点在させる地域空間のマネジメント，5）まちづくりと仕事づくりによる地域経済循環，地域から生み出される社会的企業と起業，6）地域の内と外の相互交流を意識した開かれたまちづくり，である。

以上の6点はどの地域のまちづくりにも反映されるべき点であろう。穂坂（2017）は，今日の高度に制度化されたサービスの管理とグローバル化した市場の拡大・浸透に対して，共生的な**中間的社会空間**の場・関係・活動が開発福祉（＝地域福祉：筆者注釈）として必要と述べている。また，今後のコミュニティマネジメント（地域経営）としてつながりを生み出す場，プロセス，組織が必要であるという整理もある（坂倉・醍瑚・石井 2020)。このような空間や場のマネジメント，さらに地域ニーズからの仕事を生み出す機能は中間支援機能といわれる機能によって展開される。**中間支援組織の役割**は３つの側面と７つの機能があるといわれている（今田 2020)。それは，１)環境整備（理念付与機能，制度拡充機能，協働促進機能)，２)調査提言（調査研究機能，政策形成支援機能)，３)組織基盤強化（運営支援機能，広報普及・参加促進機能）である。今後，地域福祉におけるまちづくりは，地域共生社会という社会的包摂の価値を形成することを目標とする。そして，その実体化を目指すには，地域住民の組織だけでなく，地域密着型のまちづくり型 NPO 等の社会組織との協働によって，中間支援機能が付加されたまちづくりを進める必要があろう。地域福祉のまちづくりは，その条件づくりを課題とする必要がある。

◎学習課題◎

1．小地域福祉活動の今日的意義について考えてみよう。
2．小地域福祉推進組織の組織形態と活動の意義についてまとめてみよう。
3．福祉のまちづくり型の見守り活動の特徴と展開方法についてまとめよう。
4．包摂型のまちづくりと地域経営の必要性を事例から考えてみよう。

参考文献

・藤井博志（2020）「『単身化社会』のもとで福祉的な住民自治をつくる」原田正樹・藤井博志・渋谷篤男『地域福祉ガバナンスをつくる』全国社会福祉協議会
・穂坂光彦（2017）「開発福祉の視点」日本福祉大学アジア福祉社会開発センター編『地域共生の開発福祉　制度アプローチを越えて』ミネルヴァ書房，pp.19-53
・今田克司（2020）「あらためて考えるNPO中間支援と市民社会」樽見弘功・服部敦子編著『新・公共経営論』pp.214-235
・小林良二（2011）「虚弱な高齢者に対する地域住民の『見守り』について」東洋大学福祉社会開発センター編『地域におけるつながり・見守りのかたち福祉社会の形成に向けて』中央法規出版
・岡村重夫（1974）『地域福祉論』光生館
・坂倉杏介・醍醐孝典・石井一郎（2020）『コミュニティマネジメント　つながりを生み出す場，プロセス，組織』中央経済社

参考資料

・CMO（2021）『北芝活動報告・計画書 2020年の報告と2021年の計画』
・奈良県社会福祉協議会（2012）『平成23年度小地域福祉活動に関する調査研究事業報告書―小地域福祉活動の発展への推進方策』

7　災害と地域福祉

小松理佐子

《本章のポイント》 近年，世界中で自然災害が多発している。実際に，多くの人が，その被害に遭ってきた。本章では，地域福祉の視点から，被災地への支援と，防災・減災に向けた活動を取り上げる。これを通じて，災害時のソーシャルワーカー，行政，市民・ボランティアの役割を学ぶ。
《キーワード》 防災・減災，災害時要配慮者支援，福祉避難所，まちづくり，共生社会，災害ソーシャルワーク

1. 災害と地域福祉の関係

(1)　災害は地域で起きる

日本は，山林が多く，活火山も多い等の地理的な条件，台風の進路に位置しているといった条件から，自然災害を受けやすい。実際に，およそ30年間の間に，表7-1にあるように日本全国で，多くの人が，自然災害の被害に遭っている。死者・行方不明者数が最も多かったのは，2011年3月11日に発生した東日本大震災である。三陸海岸沖を発生源としたモーメントマグニチュード9.0(注1)の地震とその後の津波によって，2万2,288人もの人が死亡または行方不明となった。それに加え，津波に襲われた福島第一原子力発電所の放射能漏れの汚染事故は大災害となり，現在もなお復興・再建に向けて多くの課題を残している。また，1995年1月17日に発生した阪神・淡路大震災においても，マグニチュード7.3の地震により6,437人もの人が死亡または行方不明となっている。

日本で発生している自然災害は，地震によるものだけではない。2005年12月から翌年３月にかけて北陸地方を中心とする日本海側で，豪雪によって152人が死亡・行方不明になっている。雪による被害は，その後もたびたび起きている。さらには，豪雨による土砂災害，火山の噴火と，実にさまざまな自然災害が発生している。

また，今後は，地球温暖化による気象・気象現象の影響や，都市立地（低地における緻密な土地利用），社会環境（高齢者人口の増加等）が，さらに災害リスクを大きくするといわれており，防災・減災（災害による被害をできる限り小さくすること）のための取り組みは日本の重要な課題になっている。

防災・減災と地域は深い関わりがある。例えば，災害時の避難について考えてみよう。図７−１は，**阪神・淡路大震災**（1995年）における救助の主体についての調査結果である。マグニチュード7.3を記録した阪神・淡路大震災では，「近隣住民等」によって救助された人が約77.1%，「消防，警察，自衛隊」によって救助された人が約22.9%であった。多くの人が近隣の人の力で救助されたことがわかる。過去の災害では，近隣の人が，寝室の場所を把握していたことによって早期に救出された例等，日頃からの付き合いが被害を少なくすることにつながった例が報告されている。

他方，豪雨による土砂災害では，隣の集落との間の道路が遮断され，集落が孤立して救援を受けられず，道路が開通するまでの数日間を，集落の人々で乗り切った例も複数報告されている。まさに災害は地域で起きるといってよい。そして，避難や復興には地域の力が試されるのである。

地域の力が発揮されるのは，災害発生時だけではない。その後の避難所生活や，避難所から仮設住宅，復興住宅等での生活では，周囲の人と

表7－1　最近の主な自然災害（阪神・淡路大震災以降）

年月日	災害名	主な被災地	死者・行方不明者数
1995年1月17日	阪神・淡路大震災（M7.3）	兵庫県	6,437
2000年3月31日～2001年6月28日	有珠山噴火	北海道	—
2000年6月25日～2005年3月31日	三宅島噴火及び新島・神津島近海地震	東京都	1
2004年10月20日～21日	台風23号	全国	98
2004年10月23日	平成16年新潟県中越地震（M6.8）	新潟県	68
2005年12月～2006年3月	平成18年豪雪	北陸地方を中心とする日本海側	152
2007年7月16日	平成19年新潟中越沖地震（M6.8）	新潟県	15
2008年6月14日	岩手・宮城内陸地震（M7.2）	東北（特に宮城，岩手）	23
2010年11月1日～2011年3月	雪害	北日本から東日本にかけての日本海側	131
2011年3月11日	東日本大震災（Mw9.0）	東日本（特に宮城，岩手，福島）	22,288
2011年8月30日～9月6日	台風第12号	近畿，四国	98
2011年11月～2012年3月	平成23年11月からの大雪等	北日本から西日本にかけての日本海側	133
2012年11月～	平成24年11月からの大雪等	北日本から西日本にかけての日本海側	104
2013年11月～2014年3月	平成25年11月からの大雪等	北日本から関東甲信越地方（特に山梨）	95
2014年8月20日～29日	平成26年8月豪雨（広島土砂災害）	広島県	77
2014年9月27日	平成26年御嶽山噴火	長野県，岐阜県	63
2016年4月14日，16日	平成28年熊本県熊本地方を震源とする地震	九州地方	273

（注）死者・行方不明者について，風水害は500人以上，雪害は100人以上，地震・津波・火山噴火は10人以上のもののほか，「災害対策基本法」による非常災害対策本部等，政府の対策本部が設置されたもの。

出所：内閣府（2020）

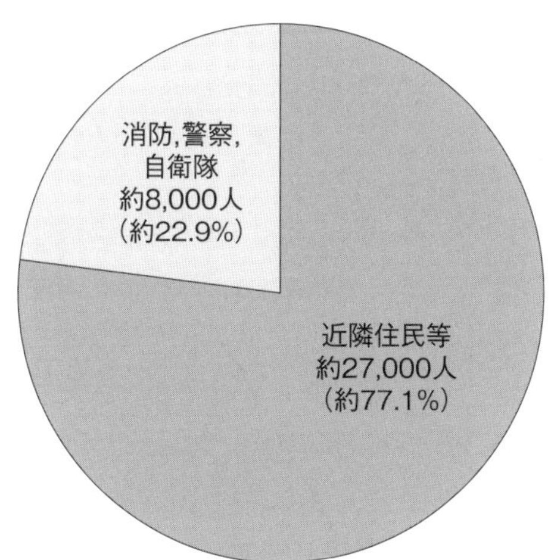

原出所：河田（1997）
出所：内閣府（2020）

図７－１　阪神・淡路大震災における救助の主体と救出者数

協力しなければならないことが数多くある。被災地の経験では，日頃から住民同士の交流が活発でまとまりがあった地域では，町内会・自治会のリーダーを中心にして，避難所のルールや役割分担を決める，不足している物資についての要望をまとめて支援者に伝える等，比較的順調に避難所生活を送ることができている。復興に向けた段階においても，リーダーが住民の要望をまとめて，行政との交渉に臨む等した地域の方が，早く復興できたともいわれている。

（２）　より弱い立場の人にリスクがもたらされる

図７－２は，**東日本大震災**の被災地での死亡率と障がい者死亡率の関係を表したものである。宮城県（図７－２の――）では，障がい者の死

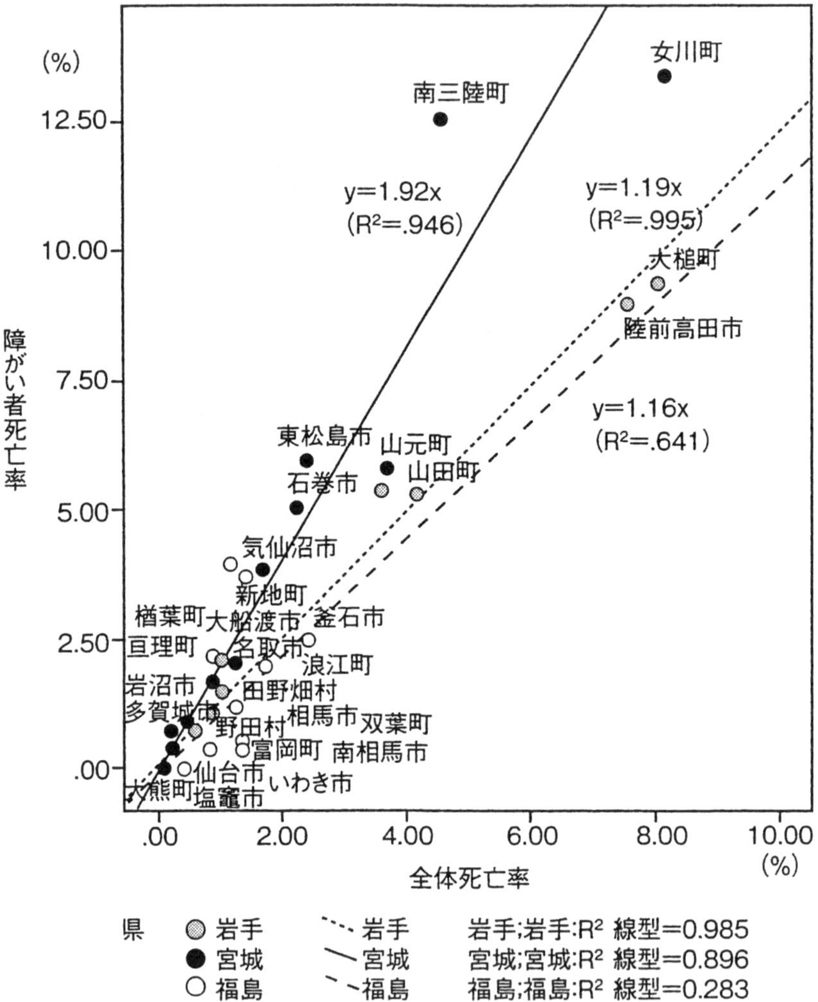

出所：上野谷監修（2013）

図7－2　東北3県の被災31市町村における全体死亡率と障がい者死亡率の関係

亡率は，全体死亡率の1.92倍（y=1.92x）となっている。また，岩手県（図７－２の………）では，全体死亡率の1.19倍（y=1.19x），福島県（図７－２の----）では，1.16倍（y=1.16x）と，障がい者死亡率は全体死亡率に比べて高く，自力で避難することが困難な人の被害が大きいことがわかる。

また，これまでの災害では，住宅の構造による違い（古い木造の家屋が倒壊するなど）や，住む場所による違い（低地や地盤の弱い所等），教育による違い（防災教育を受けているかどうか）等によって，被害の大きさに違いがあったことが報告されている。

被災する以前の生活環境の違いの背景には，経済状況の違いも含まれている。同じように経験する自然災害であっても，そのリスクは，社会的に弱い立場に置かれている人により大きくなってもたらされている。その傾向は，避難所生活においてもいうことができる。防災・減災に取り組む際には，このような災害弱者への対応を考える必要がある。それには，災害が起きる前の平時の地域や社会のあり方から見直すことが必要である。

2．災害ソーシャルワークとは

（1）　ニーズは時間の経過とともに変化する

被災地への支援は，国や自治体，警察，消防，自衛隊，保健・医療・心理等の専門職，NPO 団体・ボランティアなど多様な人々によって担われる。多様な領域の支援者の中で，福祉の専門職であるソーシャルワーカーの役割について考えてみよう。

災害が発生した後，被災した人々が生活を再建するまでの間には，多くの時間と支援が必要になる。表７－２は，東日本大震災の被災地の実態をもとに，震災の場合に想定される被災者のニーズを時系列的に整理したものである。被災からの時間の経過に伴って，ニーズは変化していく。

被災直後から1週間の時期の主たるニーズは，救出・避難に関わるものである。その内容は，住居や水，食料といった生活必需品の喪失，家族をはじめとする親しい人々の喪失を経験することによる心の健康問題などが想定される。

被災からおおむね半年間の時期には，避難所生活に関わるニーズが想定される。この時期には，生活必需品の不足に加えて，仕事の再開・復帰，求職，保育所や学校など，生活の再建に向けたニーズが生まれ始める。加えて，時間の経過とともに避難所生活での集団生活によるストレスなど，心や体の健康に関わるニーズが生まれてくる。

さらに，被災から数年間は，仮設住宅生活に関わるニーズが想定される。この時期には，避難所から仮設住宅への引っ越しにより，新たな環境への適応と，自宅再建という次の段階への準備が必要になる。この時期には，金融機関との交渉，公的助成制度の探索，発見，申請などの金銭を巡る現実的な課題を解決するニーズが出てくる。それに伴って生じる，新たなコミュニティ・環境への不安・負担等，心の健康に関わるニーズは，時間の経過とともに増えていく。

その後も，復興住宅や自宅再建に関わるニーズは，長期にわたることが想定される。仮設住宅から異なる場所への転居によって，再び新たな生活環境への適応が求められることになる。避難所から複数回の転居を経験する中で，孤独・ひきこもり，PTSDやノイローゼ，自殺／自殺企図，アルコール等への依存等，心の健康に関わるニーズが深刻化することも想定される。

ここでは，災害を巡って生じるニーズに対して展開されるソーシャルワークを，一般のソーシャルワークと区別して**災害ソーシャルワーク**と呼ぶことにしよう。災害ソーシャルワークは，このように時間の経過と共にニーズが変化していくことに特徴がある。それゆえに，災害ソーシャルワークは，長期にわたって続くことになる。

(2)　専門職としてのソーシャルワーカーの役割

専門職としてのソーシャルワーカーは，被災した人に寄り添い，ニーズの変化に応じた支援をする。表7-3は，ソーシャルワークの内容・方法を整理したものである。平時には，地域での啓発活動，住民の学習会，住民活動を支援する諸資源の情報提供・斡旋・仲介，災害弱者の把握，地域組織づくりがソーシャルワークの内容となる。ここでのソーシャルワークには，啓発・教育，組織化，ネットワーキングの方法が用いられる。

被災直後からおおむね半年間の時期には，要援護者の安否確認・発見，発見した要援護者のサービスへの橋渡しとモニタリングといった個別支援はもとより，支援をしてくれるボランティアNPO等のコーディネート，他の支援組織や専門家との連携等が行われる。ここでのソーシャルワークには，アウトリーチ・ニーズキャッチ，アセスメント，プランニング，ネットワーキング，チームケア，コーディネート，資源開発，組織化，モニタリング，エンパワメント，アドボカシー，評価，と多くの方法が用いられる。

また，避難所の運営においてもソーシャルワーカーの役割は大きい。**福祉避難所**とは，災害救助法に基づいて規定されているもので，その対象は，「身体等の状況が特別養護老人ホーム又は老人短期入所施設等へ入所するには至らない程度の者であって，避難所での生活において，特別な配慮を要する者であること。具体的には，高齢者，障がい者の他，

表7－2　震災時に想定される被災者ニーズの時系列的変化

時期	被災直後～１週間	～半年	～数年	～長期
ニーズの大分類	救出・避難	避難所生活	仮設住宅生活	復興住宅生活・自宅再建
住む・暮らす	・住居の喪失 ・水，食料，電気，通信，衣服，寝具等の喪失 ・家族の喪失（葬儀等も含む）	・生活上の諸物資の不足 ・将来生活への不安 ・集団生活の不便 ・母親喪失等による衣食機能低下・喪失	・引っ越しの負担 ・新たな生活環境の学習 ・母親喪失等による衣食機能低下・喪失 ・便乗詐欺や宗教勧誘 ・移動・交通手段の不自由 ・通院，施設利用，通学等への対処 ・行政諸手続のための頻繁な公的機関通い	・引っ越しの負担 ・新たな生活環境の学習 ・母親喪失等による衣食機能低下・喪失 ・便乗詐欺や宗教勧誘 ・移動・交通手段の不自由 ・通院，施設利用，通学等への対処 ・行政諸手続のための頻繁な公的機関通い
費やす	・財産（動産・不動産）の喪失	・衣食生活費の不足 ・動産（車等）の購入費用	・家計の再構築 ・借金返済の見通し ・金融機関との交渉や公的助成制度の探索，発見，申請 ・教育費の捻出	・家計の再構築 ・多重債務の負担 ・金融機関との交渉や公的助成制度の探索，発見，申請 ・教育費の捻出
働く	・仕事（家業・会社）の喪失	・仕事の再開・復帰 ・求職	・仕事の再開・復帰 ・求職 ・新たな仕事への順応	・仕事の再開・復帰 ・求職 ・新たな仕事への順応
育てる・学ぶ	・育児・保育困難 ・学校喪失／休校 ・遊具おもちゃの喪失	・育児・保育困難 ・学齢児の教育保障 ・転校	・学齢児の教育保障 ・転校	・学齢児の教育保障 ・転校
参加・交わる	・知人・友人との死別	・避難に伴う知人・友人との離別	・孤立・孤独，引きこもり ・転居に伴う知人・友人との離別	・孤立・孤独，引きこもり ・転居に伴う知人・友人との離別
体の健康	・怪我への対処 ・持病等への対処（薬や医療機器の確保） ・排泄や入浴	・介護や保育困難 ・療養者の医療保障 ・エコノミー症候群 ・要援護者の排泄入浴の配慮 ・感染症のリスク軽減	・介護者等家族の孤立 ・ハイリスク者や持病者の管理	・介護者等家族の孤立 ・ハイリスク者や持病者の管理
心の健康	・家族の喪失 ・ペットの喪失や離別	・プライバシー確保 ・人間関係調整 ・集団生活のストレス，他者への遠慮 ・集団生活上のルールへの服従ストレス ・PTSD やノイローゼ	・新たなコミュニティ・環境への不安・負担 ・孤独・引きこもり ・PTSD やノイローゼ ・自殺／自殺企図 ・アルコール等への依存 ・介護者等家族の孤立	・新たなコミュニティ・環境への不安・負担 ・孤独・引きこもり ・PTSD やノイローゼ ・自殺／自殺企図 ・アルコール等への依存 ・介護者等家族の孤立
その他		・避難所内での差別問題 ・被災者への差別問題	・被災者への差別問題	・被災者への差別問題

（注）・災害の種類や規模などによって，時期・場面の区切りやニーズは大きく変わってくる。
・ここにあげた例示のほかにも，被災前からの生活の連続性欠損に関わるあらゆるニーズに対応する必要がある。

出所：上野谷監修（2013）

表７－３　災害に想定される被災者ニーズの時系列変化に対応したソーシャルワークの内容・方法

期　時	災害以前	被災直後～１週間	～半年	～数年	～長期
想定される場面	地　域	救出・避難	避難所生活	仮設住宅生活	復興住宅生活・自宅再建
災害ソーシャルワークの内容	①防災への関心喚起の啓発活動 ②災害に備えた住民の学習支援 ③住民活動を支援する諸資源の情報提供・斡旋・仲介 ④災害弱者の把握（常時更新） ⑤地域組織づくり	①要援護者の安否確認・発見 ②発見した要援護者のサービスへの橋渡しとモニタリング ③葬儀の手配 ④必要物資の確保と供給 ⑤安全で衛生的な環境の保持 ⑥被災家屋等の片づけ・後始末（必要な物品の探索） ⑦①～⑥を手伝ってくれるボランティア・NPO 等（専門技術を持つ人も含む）の募集・確保・養成・配置・管理等のコーディネート全般 ⑧他支援組織や他専門職との連携，後方支援 ⑨生活・福祉相談窓口の設置と対応 ⑩被災を免れた専門機関・施設情報・専門職情報，また各種制度をはじめとする資源情報の収集や発信 ⑪生活保護や生活福祉資金の紹介・斡旋		①コミュニティ再構築 ②見守り体制の構築 ③サロンづくりやサークルづくり等を通じた孤立や，引きこもり・廃用症候群の防止 ④さまざまな社会資源の紹介・情報提供	
災害ソーシャルワークで用いられる方法・機能	啓発・教育／組織化／ネットワーキング	アウトリーチ・ニーズキャッチ／アセスメント／プランニング／ネットワーキング／チームケア／コーディネート／資源開発／組織化／モニタリング／エンパワメント／アドボカシー／評価		アウトリーチ・ニーズキャッチ／アセスメント／プランニング／ネットワーキング／チームケア／コーディネート／資源開発／組織化／モニタリング／エンパワメント／アドボカシー／評価	
各段階における災害ソーシャルワークの特徴	予防的視点	緊急対応 救命／生命維持 外部からの応援（ソーシャルワーク版「D-MAT」）		生活再建 自立支援 自己実現 尊厳重視 ニーズ拡散・多様化へのきめ細かな対応	

出所：上野谷監修（2013）

妊産婦，乳幼児，病弱者等，避難所での生活に支障をきたすため，避難所生活において何らかの特別な配慮を必要とする者，及びその家族」（内閣府 2016）とされている。福祉避難所は，当事者による運営が難しいことや，ボランティアでは対応が難しい面をもっていることから，一般の避難所に比べて専門職であるソーシャルワーカーに期待される役割は大きい。

被災から数年たち，仮設住宅や復興住宅，自宅で生活する段階では，コミュニティ再構築や見守り体制の構築等地域支援を中心としたソーシャルワークが行われる。この段階においても，アウトリーチ・ニーズキャッチをはじめとするソーシャルワークの方法が用いられる。

このような被災から復興までのプロセスでは，ソーシャルワーカーだけでなく多くの専門職・非専門職が関わり，チームで取り組むことになる。チームの中で，ソーシャルワーカーには，とりわけコーディネート機能を発揮することが期待される。

3. 被災地での地域福祉の実践

(1) 災害ボランティアと社会福祉協議会

被災地への支援では，ボランティアによる力が大きい。阪神・淡路大震災で多くのボランティアが活躍したことから，災害時のボランティアの担う役割の重要性が認識されるようになった。**災害対策基本法**[(注2)]では，「国及び地方公共団体は，ボランティアによる災害活動が災害時において果たす役割の重要性に鑑み，その自主性を尊重しつつ，ボランティアとの連携に努めなければならない」（第５条の３）と記されている。

多くのボランティアによる支援を効果的に行うためには，支援者間の連携が不可欠になる。ところが，発災時に初めて顔を合わせる人々の間で即座に協力関係を作るのは容易ではない。そこで，平時から支援者間の関係を築くための取り組みが進められている。その一つとして，2016年に，被災者間の連携と災害現場での調整を図ることを目的とした**全国災害ボランティア支援団体ネットワーク（JVOAD）**が発足し，全国社会福祉協議会は正会員として参加した。JVOAD は，2019年に内閣府と「行政・NPO・ボランティア等との三者連携・協働タイアップ宣言」に調印した。以後，被災地では，図７-３にあるような情報共有会議が設けられ，支援者間の連携が図られている。

社会福祉協議会は，**災害ボランティアセンター**を設置し，ボランティアの受け入れ，被災者のニーズとのマッチングを行う役割を担う。災害ボランティアセンターは，発災時から一時的に設置する場合と，常設型で設置している場合とがある。また，大規模な災害では，ボランティアセンターを被災地の社会福祉協議会の力だけで担うことが困難な場合もある。全国社会福祉協議会は，全国を８ブロック（北海道・東北ブロッ

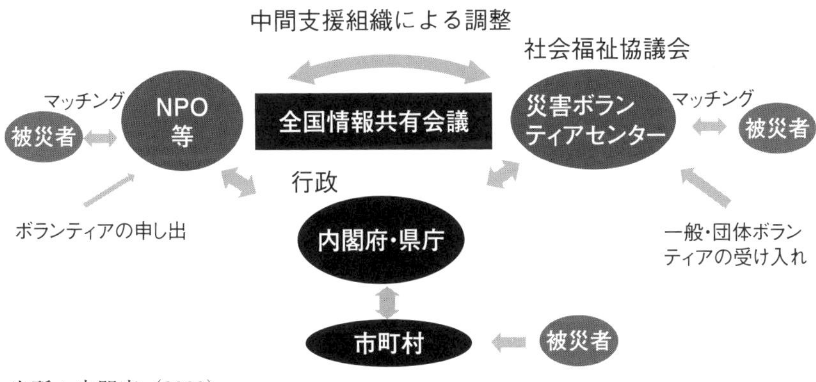

出所：内閣府（2020）

図７-３　行政・災害ボランティアセンター・NPO 等による三者連携

ク，関東ブロックA・B，東海・北陸ブロック，近畿ブロック，中国ブロック，四国ブロック，九州ブロック）に分け，被災地への職員の派遣なども行っている。

(2) 地域の再生

避難所の設置・運営から復興に向けたプロセスでは，外部からの支援者と被災地の人々が協力して被災者への支援が行われる。これまで被災地からは，被災者の心身の疲労をおもんばかって過剰に支援したり，被災者の意向を確認する機会をもたずに支援を進めてしまう等，支援上の課題も報告されている。被災地支援の経験が蓄積され，地域の主体性を尊重した支援をすることが，復興に有効であると考えられるようになってきた。

地域福祉は住民主体を原則としているが，それは災害時においても同様であるといえる。平時において主体である住民が，被災後の地域の再生に向けても主体になるよう，被災者・地のエンパワメントを支援することが大切である。

そのため，具体的には，被災した人々が一時的に過ごす避難所や，その後の仮設住宅や復興住宅への入居の際に，できる限り，被災前の地域の単位で割り振るように配慮されている。そして，これらの場所での支援においても，個人や家族への相談・支援に加えて，地域の人々が支え合えるような支援を行っている。

また，被災者が主体的にその後の生活再建に取り組むことができるように支援することが大切である。被災地でのサロンづくりや，町内会・自治会単位での話し合いの場づくりなどは，その代表的な例である。また，行政が主体となって取り組まれる再建計画の策定においても，地域の代表者の参加を得る等の方法が採用されている。

4．防災・減災のまちづくり

（1）　地域で取り組む防災・減災活動

これまで説明したように，災害と地域は密接な関係にある。平時における地域の**防災・減災**への取り組みが，災害時の避難や復興に向けた取り組みをスムーズに進めることにもつながる。災害を想定した平時の取り組みは，地域のあり方を考えたり，見直したりする機会として，**まちづくり**においても有効な手段であるといえる。

災害対策基本法には，地区防災計画の作成（第42条の２）や自主防災組織の結成（第５条）が明記されており，住民が主体的に防災・減災活動に取り組むことが期待されている。最近では，頻発する災害を背景に，町内会・自治会を中心にした自主防災組織の結成や，避難訓練などが活発に行われるようになっている。住民が地域の危険個所を点検して地図を作成するなどのワークショップも各地で開催されている。

災害時に弱い立場の人々が不利にならないための取り組みも行われている。災害対策基本法では，市町村長に災害時の**避難行動要支援者名簿**の作成が義務づけられている（第49条の10）。名簿の情報は，地域防災計画に基づいて，消防機関，都道府県警察，民生委員，市町村社会福祉協議会，自主防災組織など支援に関わる人々に提供されている（第49条の11）。

ただし，名簿の情報は，本人の同意が得られない場合には，これらの人々に提供することができないこととされている。実際に，災害時に支援が必要な状態である人であっても，民生委員や自主防災組織等近隣住民への情報の提供を望まない人も存在する。その理由を考えてみる必要がある。

(2) 防災と地域福祉の融合

地域で取り組む防災・減災活動では，**受援力**を高めることも課題である。受援力とは，災害時に被災地からやってくるボランティア等の支援を受ける力である。外からくるボランティアには，被災地の土地勘や，住民の状況などがわからない。そのため，せっかくのボランティアが支援の力にならないことがある。支援を受ける側が，上手に支援を受ける力をもっていることが必要になる。

受援力という課題は，前述した災害時の避難行動要支援者名簿のこととも共通する面をもっている。1つには，いかなる場合であっても，支援する側とされる側との間の信頼関係なしには支援が成立しないということである。2つ目には，支援する側とされる側という関係を固定しない関係性の構築が必要であるということである。

ただし，一般的な防災・減災活動のみでこうした関係性を構築することは困難である。平時の「お互い様」の関係の形成や地域・社会を考える学びの機会の提供等，基盤づくりが不可欠となる。裏を返せば災害時に排除される人を生まないことへの取り組みは，**共生社会**の創造につながる。したがって，防災と地域福祉を別のものとして切り離すのではなく，両者を融合したまちづくりを展開することが必要である。

(注)

1）モーメントマグニチュード（Mw）とは，岩盤のずれの規模をもとに計算したマグニチュード（地震そのものの大きさ）のこと。一般には，地震計で観測されるが，東日本大震災は大規模であったため，モーメントマグニチュードで測定された。

2）災害対策基本法は，1959年に発生した伊勢湾台風を契機とし，1961年に制定された。法の目的について，第1条に次のように記されている。

「この法律は，国土並びに国民の生命，身体及び財産を災害から保護するため，防災に関し，基本理念を定め，国，地方公共団体及びその他の公共機関を通じて必要な体制を確立し，責任の所在を明確にするとともに，防災計画の作成，災害予防，災害応急対策，災害復旧及び防災に関する財政金融措置その他必要な災害対策の基本を定めることにより，総合的かつ計画的な防災行政の整備及び推進を図り，もつて社会の秩序の維持と公共の福祉の確保に資することを目的とする。」

学習課題

1．災害と地域の関係をまとめてみよう。
2．災害が，弱い立場の人に大きなリスクをもたらすのはなぜかを考えてみよう。
3．地域で働くソーシャルワーカーの役割を，「災害以前」，「救出・避難，避難所生活」，「仮設住宅生活以降」に分けて整理してみよう。
4．あなたが住んでいる地域では，どのような防災・減災活動が行われているかを調べてみよう。

参考文献

・D. P. アルドリッチ著，石田祐・藤澤由和訳（2015）『災害におけるソーシャル・キャピタルの役割とは何か―地域再建とレジリエンスの構築―』ミネルヴァ書房
・日本福祉文化学会編集委員会（2010）『災害と福祉文化』明石書房
・立木茂雄（2016）『災害と復興の社会学』萌書房
・立木茂雄（2020）『誰一人取り残さない防災に向けて，福祉関係者が身につけるべきこと』萌書房
・上野谷加代子監修，社団法人日本社会福祉士養成校協会編（2013）『災害ソーシャルワーク入門―被災地の実践知から学ぶ―』中央法規出版

・山本克彦編著（2018）『災害ボランティア入門―実践から学ぶ災害ソーシャルワーク―』ミネルヴァ書房

参考資料

・内閣府（2016）「福祉避難所の確保・運営ガイドライン」
・内閣府（2020）『令和２年版　防災白書』
・全国社会福祉協議会全国ボランティア・市民活動振興センター（2011）『東日本大震災　災害ボランティアセンター報告書』

8　中山間地域と地域福祉

小松理佐子

《本章のポイント》　中山間地域では，過疎化と高齢化が同時に進行し，医療，商店，交通などの生活基盤が脆弱化する傾向にある。また，田畑の管理や伝統行事等，これまで共同体が担ってきた活動を続けることが難しい地域も増えている。そうした状況にあっても「住みなれた地域で暮らし続けたい」という住民の思いに応えるための地域福祉の可能性と課題を考える。

《キーワード》　人口減少社会，過疎化，消滅集落・消滅都市，地域再生

1．過疎・高齢化の進行する中山間地域

(1)　中山間地域の地理的条件と自然環境

中山間地域という用語は行政用語で，次の絵のような平野の外縁部から山間地にかかる地域を指している（図８-１）。日本の国土面積の約７割が中山間地域にあたるとされている。

出所：農林水産省公式ホームページ（2021）

図８-１　中山間地域とは

このような場所にある中山間地域は，自然の影響を受けやすい。その一つは雪で，中山間地域の中には豪雪地帯に指定されているところも少なくない（写真８－１）。冬季には道路などの除雪が必要になり，豪雪地帯を抱える自治体では，除雪の経費が大きな財政負担となっている。それだけでなく，雪は，住民の生活にも影響を与える。ふだんは何の支援も受けずに生活している高齢者であっても，積雪の多い時期には，除雪や買い物，通院等の支援が必要になる場合もある。

中山間地域は，雪以外にも，集中豪雨による土砂災害等自然災害による被害を受けやすい。土砂災害によって集落と隣の集落とをつなぐ道路が分断され，数日間にわたって集落が孤立することもあり，都市部とは異なる災害対策が必要になる。

（２） 過疎化と高齢化

日本の総人口は，2000年代半ば(注１)をピークに減少しはじめ，今後も

写真８－１　過疎・高齢化の進行する中山間地域（岐阜県高山市）

減少傾向が続くことが予想されており，こうした状況は，**人口減少社会**と呼ばれている。ところが，図８－２にあるように，三大都市圏では0.6％まで増加率は下がっているものの，現在も人口は増加している。それに対して**過疎地域**[注２]では，年々人口減少率が大きくなっている。つまり，もともと過疎化の進行している地域で人口減少が一層進んでいるのである。総務省によれば，全国1,719市町村のうち，817市町村（47.5％）が過疎地域に該当している（2019年４月１日現在）。

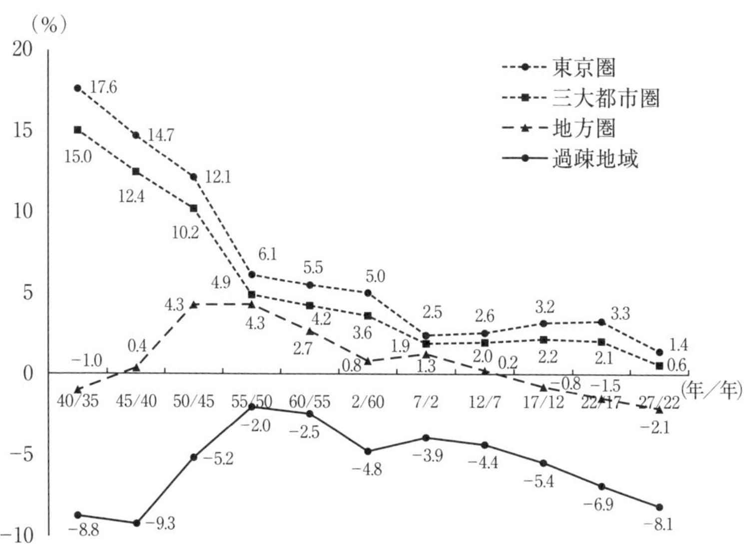

（備考）１　国勢調査による。
２　過疎地域は，平成31年４月１日現在。
３　三大都市圏とは，東京圏（埼玉県，千葉県，東京都及び神奈川県の区域），大阪圏（京都府，大阪府及び兵庫県の区域），名古屋圏（岐阜県，愛知県及び三重県の区域）をいい，地方圏とは三大都市圏以外の区域をいう。

出所：総務省（2019）

図８－２　過疎地域，三大都市圏，地方圏等の人口増減率の推移

過疎地域では**過疎化**と同時に高齢化も進行している。全国の高齢化率が26.6%であるのに対して，過疎地域では36.7%と10.1ポイント高くなっている（2015〔平成27〕年国勢調査）。住民の生活の基本的な単位である集落という単位でみると，高齢化はさらに早いスピードで進行している。総務省の調査によれば，過疎地域等に該当する7万5,662集落のうち，65歳以上の割合が50%以上の集落が1万5,568集落（全集落の20.6%）にのぼっている。さらにみると，75歳以上の割合が50%以上に達している集落が3,457集落（全集落の4.6%）あり，この数は年々増加傾向にある（総務省 2019）。

図8-2でみたように，過疎化は高度経済成長を背景に1960年頃から始まっている。ただし，その頃は若者が都市部に流出したことによって生じた現象であった。ところが，1990年頃からは，生まれる子ども数の減少を要因とするものへと変化した。さらに最近では高齢者の人口も減少しはじめ，新たな局面を迎えている。

(3) 消滅集落・消滅都市

過疎化の進行によって消滅する集落も出現している。総務省は，10年以内に消滅する可能性のある集落が570，いずれ消滅する可能性のある集落が3,044集落にのぼると推計している（総務省 2019）。

他方で自治体の消滅可能性を指摘する報告もある。2014年に日本創生会議が公表した「ストップ少子化・地方元気戦略」において，2040年までに全国の市町村の半数にあたる896が消滅する可能性があることを指摘して注目された(注3)。

これらの推計は，地方から都市部への人口移動や，自治体内での周辺部から中心部への移動といったこれまでの傾向が続いたと仮定した場合の予測である。この予測は，今を生きる私たちへの警告として受け止める必要があろう。私たちが地域の将来をどのように設計し，具体化するかが問われている。

2. 地域再生と地域福祉

（1） 地域福祉の課題

社会学者の大野晃は，高齢化率が50％を超える集落を**「限界集落」**と呼んだ。それは，集落の中で高齢者の割合が一定を超えると，それまでに集落で担っていた田畑の管理や祭り等を行うことが難しくなり，共同体としての機能が維持できなくなるからである（大野 2005）。

これに対して，高齢化が進行する集落であっても，創意工夫によって，暮らし続けることはできるという批判的な意見もある。集落に対する見方は，見る人の立場によって異なっている。地域福祉において大切にしなければならないのは，そこで暮らしている人の思いである。

中山間地域には，「ここで採れる野菜が一番おいしい」という信念をもって農業をしている人など，土地に対する誇りをもって生活している人々がいる。生まれ育った所に対する愛着や，先祖が開拓した土地を守りたいという使命感などもあり，これからも暮らし続けたいと思っている人が少なくない。しかし，過疎化と高齢化の進行する中山間地域では，生活を続けることが困難になりつつある現実もある。

①　生活基盤の脆弱化

過疎化の進む中山間地域では，利用者の減少による公共交通機関の廃止や商店の閉店，医師が確保できないために医療サービスが受けられないなど，基本的な生活を送ることが難しくなりつつある。こうした状況であっても，自分で車を運転することができる人には，さほど不便ではない。しかし，車の運転ができない高齢者等には深刻な問題である。

図8－3は，山形県最上（もがみ）町の住民に「将来，高齢になった時に手伝ってほしいと思うこと」を尋ねた結果である。豪雪地帯である最上町では「玄関口の除雪」が最も多く，「買い物」「ゴミ出し」「通院」が続いている。社会福祉の制度は，このようなニーズには対応していない。行政も含めた地域で何らかの対応をしなければ，住み続けたいという思いはかなえられないことになる。

② 関係性の変化

また，住民同士の関係にも変化がみられる。図8－4は，「高齢者の一人暮らしや夫婦のみ世帯が困った時の協力体制はできていると思いますか」と尋ねた結果である。「できている」と回答したのは17.8％と，2割を下回った。

最上町はもともと近隣のつながりが強く，日常生活での困り事への支援は，家族や近隣によって自然に行われていた。ところが最近，一人暮らしや夫婦のみの世帯が増加して支援を必要とする人が増える一方で，

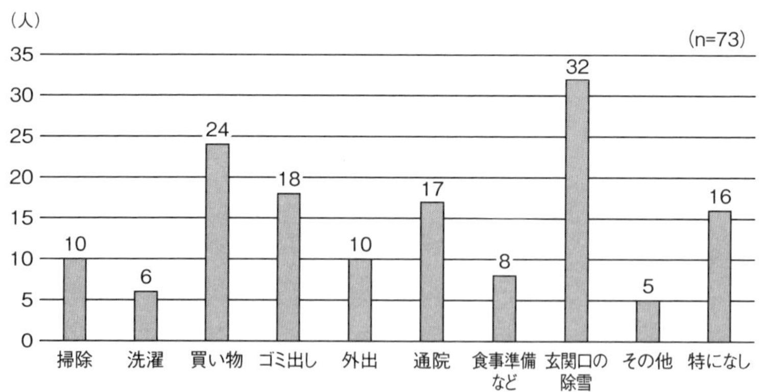

出所：山形県最上町（2016）

図8－3 高齢になった時に将来手伝ってほしいこと（山形県最上町）（複数回答）

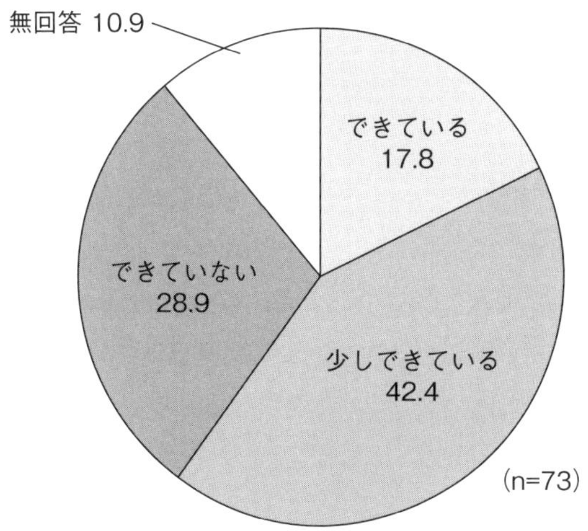

出所：山形県最上町（2016）

図 8－4　高齢者の一人暮らしや夫婦のみ世帯が困った時の協力体制はできていると思いますか？

支える側の近隣住民も高齢化が進んでいる。そのため，気持ちはあっても実際には支えきれない状況が生まれはじめている。このような事態が，アンケートの結果に表れている。

（2）　地域再生の方法

このように中山間地域は，過疎化・高齢化を背景に，地域の生活環境が変化しており，地域を再生する必要に迫られている。ここでいう**地域再生**とは，昔の状態に戻すということではない。変化する地域の状況に合わせた形につくりかえること，言い換えれば創造することである。

それには，従来とは異なる発想が必要である。例えば，住民の「買い物を手伝ってほしい」というニーズを解決する方法には，近隣住民やボランティアが，店までの移動を支援する方法や，必要な物を聞いて代わりに買いに行く方法があるだろう。しかしこれ以外にも，**コミュニティ・ビジネス**に結び付けて解決する方法も多様に考えられる。コミュニティ・ビジネスとは，地域の課題を住民が主体となって，ビジネス手法を用いて取り組む方法をいう。例えば住民が協力して，必要な物を販売する店を開く，車で移動販売をする方法も考えられる。こうしたコミュニティ・ビジネスによって雇用を生み出すこともできるかもしれない。

これは一例にすぎない。中山間地域における地域福祉は，図8-5に示したように，人々の生活ニーズを，多様な要素を有機的につなげ，循環させることによって，その地域の資源を活かした独自の解決方法を生み出すという役割をもっている。こうした実践を通して，「暮らし続けたい」という住民の思いを実現させようとしている。

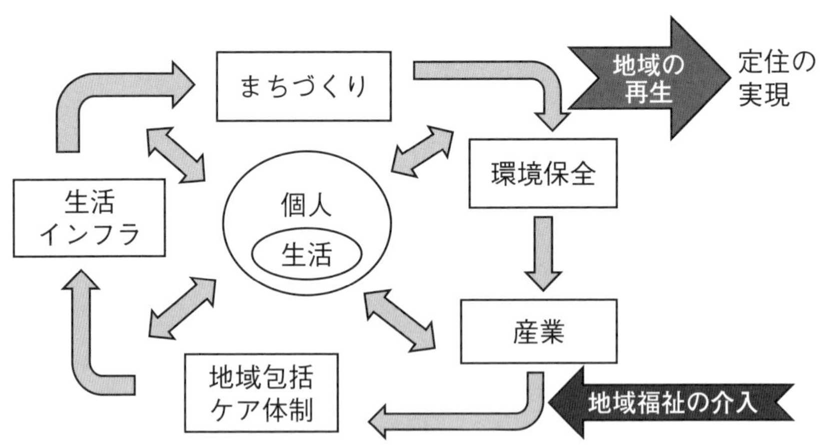

図8-5　中山間地域で定住を実現するための地域福祉

3. 定住を実現するための地域福祉の実践

（1）　地域が生み出した買い物支援

ここでは「買い物ができない」という住民のニーズに対する各地の支援方法を紹介する。地域の資源を組み合わせることで，多様な方法を生み出していることがわかる。

①　西和賀（にしわが）町社会福祉協議会（岩手県）

西和賀町では，社会福祉協議会（以下，社協）がスーパーマーケット，宅配業者と契約を結び，スーパーマーケットの商品を住民宅に届けるしくみを作っている。1）住民は，社協に電話をして，購入したい商品を伝える，2）電話を受けた社協職員は，隣接するスーパーマーケットに行き，買い物カゴに注文を受けた商品を入れて所定の場所に置く，3）それを宅配業者が住民宅まで届ける，というしくみである。宅配業者は，商品を届けながら，高齢者の様子を伺い，支援が必要な時には社協に連絡をする役割も担っている。

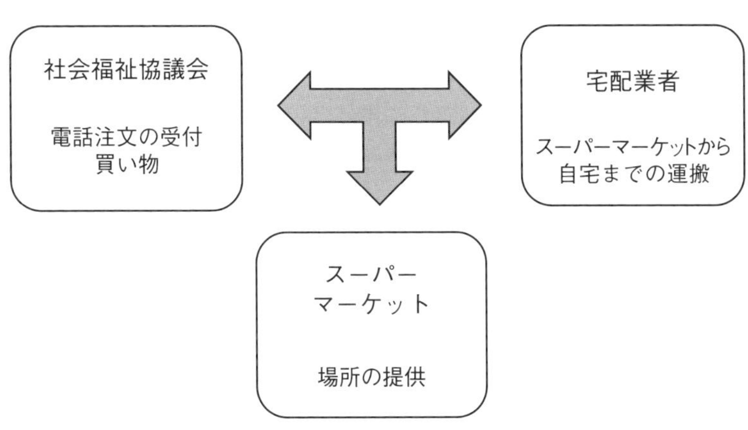

図 8－6　西和賀町社会福祉協議会（岩手県）による買い物支援

②　紀宝町社会福祉協議会（三重県）

紀宝町では，閉店したJAのスーパーマーケットを社協が引き取り，営業を続けている。土地・店舗は現在もJAが所有しており，その使用料（固定資産税相当額）は行政が支払い，社協は無償で借り受けている。

「福祉の店　あぷろーち」という名称のスーパーマーケットは，障がいのある人の就労継続支援B型の事業所となっており，障がいのある人と共に，社会福祉士・精神保健福祉士などの専門職が，店員をしながら，買い物に来る住民の相談にも応じている。また，店舗での販売に加えて，宅配・移動販売もし，さまざまな住民の買い物のニーズに応えている。

店舗内には，地元の生産者から提供される農作物を安価で販売するコーナーも設けられ，支援を必要とする人だけでなく，すべての住民に喜ばれている。

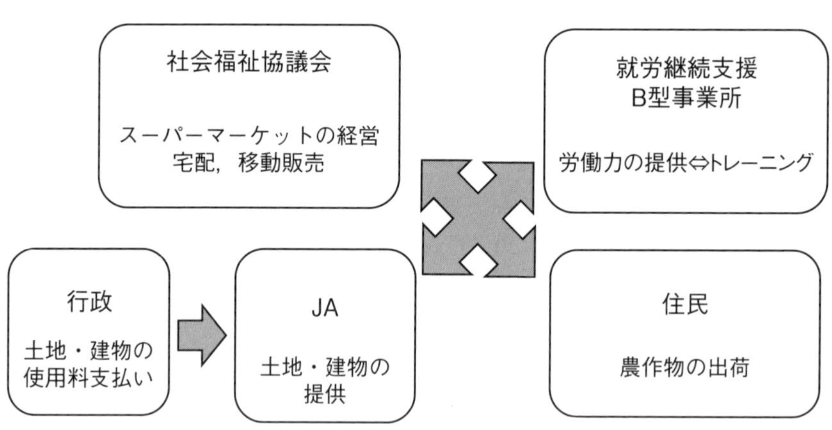

図8－7　紀宝町社会福祉協議会（三重県）による買い物支援

③　福岡県北九州市若松区

若松区では，地元の市場連合組合，特別養護老人ホームのネットワーク（以下「特養ネットワーク」），民生委員児童委員協議会，区社協の連携で，高齢者の地元の市場への移動を支援している。送迎用のバスは，特養が所有しているものを無料で提供してもらい，運転手として職員も派遣してもらっている。買い物には民生委員が同行し，見守っている。買い物先となる市場では，特別に休憩場所を設置するなどの協力をしている。これらの協力者の間の調整役を，区社協が担っている。

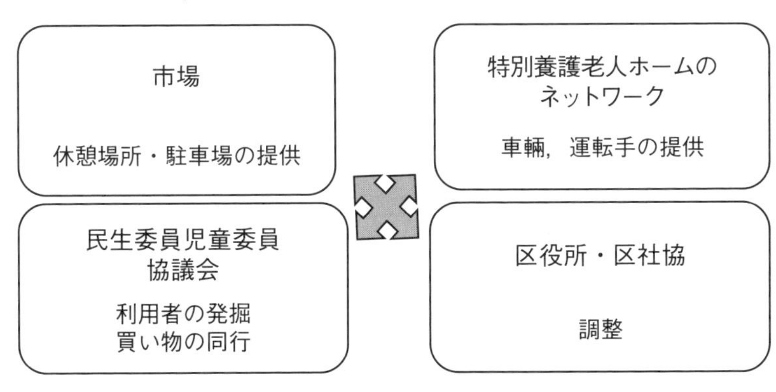

図８－８　北九州市若松区（福岡県）の買い物支援

（２）　豪雪地帯の冬の生活を支える実践

①　高山市社会福祉協議会（岐阜県）

高山市の社協では，冬季のみの高齢者の共同生活施設「のくとい館」を運営している。「のくとい館」は，小学校が廃校になったことから使用されなくなった元教職員住宅を利用し，積雪の多い12～３月の間，高齢者に居室を提供している。「のくとい館」は，診療所，支所，郵便局，スーパーなどが立ち並ぶ高根地域の中心部にある。

「のくとい館」の開設期間中は，管理人，食事づくりを担当するパート，社協の職員を配置し，入居者の毎日の生活を支援している。朝食と夕食は入居者全員が食堂で一緒に取ることがルールとなっており，食事の時間は入居者同士の交流の機会にもなっている。

また，高齢者が「のくとい館」に入居している間，集落の住民やボランティアが，不在になっている自宅の雪下ろしを行う等して，高齢者が安心して「のくとい館」で過ごせるように地域の住民が支援している。

② 山形県最上町新田集落

山形県最上町の新田集落では，休日に集落の住民がボランティアで高齢者のみ世帯の除雪作業に取り組んでいる。公道は行政によって除雪が行われるが，自宅の玄関口から公道までの間は，個人で除雪をしなければならない。これまで自分では除雪ができない高齢者宅の除雪は，隣家の住民が自分の家の除雪と一緒に行うことで支えてきた。ところが，支援を必要とする高齢者宅の数が増え，隣家の住民だけでは支えきれなくなってきた。

集落で話し合いをし，休日に参加できる住民が一緒に集落内の必要な家を回って作業をしようということになった。町から集落に対する交付金を利用し，作業に対して報酬を支払うしくみを作った。その報酬は個人が受け取らずに，作業後の懇親会費にあてることにした。こうしたしくみを作ったことにより，懇親会を楽しみに作業に参加する住民が増え，集落の交流にもつながっている。

4．中山間地域の地域福祉の展望と課題

（1） 実践の成果としてのソーシャル・キャピタル

これまで地域の独自のサービスを提供している事例を紹介してきたが，

これらの事例は単なるサービス提供ではなく，それを通じて地域の人々・団体のつながりを取り戻すことにつながっている点を見逃してはならない。ロバート・パットナムは，社会的ネットワーク，信頼，互酬性の規範のようなものを指して，**ソーシャル・キャピタル**と呼んでいる。地域福祉の実践は，ソーシャル・キャピタルを醸成することに価値があるといえる。

つまり，前で紹介した買い物支援の実践は，生活必需品を届ける手段を支援しているだけではない。外出の機会が減ったことによって疎遠になりつつある住民同士が顔を合わせる機会や，相談，見守り，社会参加の機会なども作り出している。ここに，市場で提供される宅配サービスと地域福祉実践が生み出すサービスとの違いがある。

また，山形県最上町の実践は，長い間の隣同士の助け合いの関係が，高齢化とともに維持できなくなる中で，集落でできる人が一緒に協力する，作業をした人に報酬を出す，報酬を懇親会費に充てる，というしくみを採り入れることによって，新たな関係の形を作っている点に注目する必要がある。作業の後の懇親会が，除雪の支援を受ける側だけでなく，支援をする側の人同士の結び付きを強めることにも発展している。

これまで都市部と比較して農村は，「地域が固有にもつ空間資源」と「地域の人間関係資源」において優れているとみられてきた（徳野 2015）。しかし，中山間地域では，「地域の人間関係資源」が失われつつある現実もある。このような状況の中での地域福祉実践は，農村のもつよさを取り戻すための挑戦であるといえる。さらに言えば，本当の意味での豊かな生活を追求する営みであるといえるだろう。

（2）　ニーズを掘り起こすソーシャルワーカー

もともと中山間地域での生活は，都市部に比べて利便性の乏しい環境の中で営まれてきている。人生の中の多くの時間を中山間地域で送っている人々は，不便な生活環境を受け入れ，「都会の暮らしよりもここの暮らしの方がよい」と積極的に考えている面がある。それゆえの「信念」や「我慢強さ」から，中山間地域の住民の場合には都市部に比べて，不便さを自覚したり，困っていることを表明したりすることが少ない傾向がみられる。

このような人々に対して，ソーシャルワーカーが「困っていることは？」という質問の仕方をしたら，「困っていることはない」「今のままでよい」という答えが返ってくることが多いだろう。だからと言って，ソーシャルワーカーが都市部の生活を基準にして「不便に暮らしている」と判断して，それを補うためのサービスを提供しても，提供の仕方によっては利用されないこともある。これまでの中山間地域の実践では，ホームヘルプサービスの提供を始めても，家に知らない人を入れることに抵抗感があるために，利用者が増えなかった事例や，住民の自宅や土地への愛着が強い地域でグループホームを建設しても入居を希望する人がいなかった事例等がみられている。

こうした実践からわかることは，それぞれの人生の中で形成されてきた暮らし方があり，それに沿った解決方法でなければ，受け入れられないということである。住民が自覚しえない支援が必要な状況をニーズという形にして顕在化し，その人のこれまでの暮らし方に合わせた方法を創り出していくことである。

前で紹介した「のくとい館」の事例では，その地域を担当していた社協のソーシャルワーカーが，地域の高齢者について「次の冬を，自宅で過ごせるだろうか？」と感じたことを，地域ケア会議で参加者に話したことから始まっている。そうしたところ，診療所の医師，民生委員も同様に感じていたことがわかったという。さらに，他の住民にも話してみると，多くの人が同様のことを感じていることがわかり，ソーシャルワーカーは「地域のニーズ」として確信したという。

このように，日々の生活を観察することを通して変化に気づき，その気づきを他の人々と共有することによって，ニーズは顕在化する。定住を実現させる地域福祉を実践するには，ソーシャルワーカーが，住民の声なき声をいかに拾い上げられるかが課題となる。

(３) 外部とのネットワーク

豊富な資源をもつ中山間地域ではあるが，担い手の数という面では限りがあるのも事実である。地域の内部にとどまらずに，図８-９に示すような外部の地域とのネットワークを形成することによって，中山間地域の可能性を高めることも課題となる。

ネットワークの中心に置かれるのは，「集落」である。集落の中の住民同士の協力と支えによって，日常生活が営まれ，祭りをはじめとするコミュニティとしての機能が発揮される。しかし，過疎・高齢化が進行

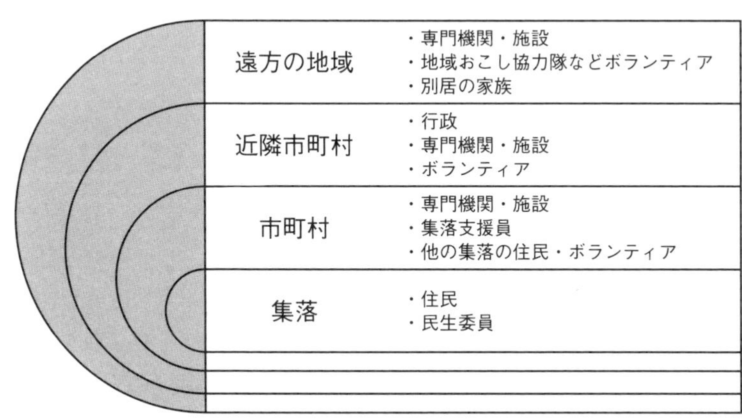

図８-９　中山間地域の支援のネットワーク

した集落では，集落の住民だけでは担いきれない部分が出てくる。それを支えるのが集落の外側にある「市町村」となる。市町村というエリアには，専門機関・施設の職員という人的資源がある。実際に，前で紹介した北九州若松区の買い物支援の事例のように，特別養護老人ホームの職員が支援をしたように，入所施設の職員が入居者だけでなく地域住民の支援に取り組む例も増えている。また，自治体によっては，**集落支援員**(注4)を配置しているところも増えている。さらに他の集落には住民・ボランティアといった資源もある。このような人的資源を活用することによって，その集落の住民だけでは担えない部分を助けることができるだろう。

ただし，中山間地域の自治体の中には，過疎化・高齢化が自治体全体で進行しており，集落間の支援が困難になりつつあるところもある。そうした場合には，近隣の市町村と協力していくことも必要になる。さらには，遠方の地域からの支援も期待される。

2004年から総務省は，**地域おこし協力隊**(注5)の制度を創設し，担い手の少なくなった地域を支援するための政策を進めている。福祉分野に限定せず，こうした他領域の地域再生の担い手との協働も打開策の一つとなる。

また，一人暮らしや夫婦のみで暮らす高齢者にとって，遠方に住む家族や友人の支えは大きな意味をもっている。家族や友人との良好な関係を築くためのソーシャルワーカーの働きかけが今後重要になることだろう。

（注）

1）日本の人口減少が始まった年については2005年とする説，2008年とする説，また「2010年国勢調査」をもとに，2011年とする説もある。（詳細は，総務省統計局ホームページ「統計 Today No.9「人口減少社会『元年』はいつか」http://www.stat.go.jp/info/today/009.htm）

2）図８-２の総務省によるこの統計では，過疎地域を①から③の地域としている。
①過疎地域自立促進特別措置法（以下「自立促進法」）第２条第１項に規定する市町村の区域，②自立促進法第33条第１項の規定により過疎地域とみなされる市町村の区域，③自立促進法第33条第２項の規定により過疎地域とみなされる区域。

3）日本創生会議は元総務大臣の増田寛也氏が座長を務めたことから，「ストップ少子化・地方元気戦略」は増田レポートとも呼ばれている。増田レポートでは，2010年から40年までの間の「20～39歳の女性人口」を推計し，５割以下に減少する自治体を「消滅可能性都市」とした。この推計は，東京圏への人口移動が今後も収束しないことを前提にしたものであり，社会のあり方への問題提起として受け止めるべきであろう。

4）集落支援員は，住民が市町村からの委嘱を受けて，集落の巡回や実態の把握などを支援する者である。総務省の事業。

5）地域おこし協力隊は，都市部に住んでいる人が，過疎地域に移住し，地域再生のための活動に取り組む制度。総務省の事業。

◎学習課題◎

1．中山間地域における地域福祉の課題についてまとめてみよう。

2．買い物支援の事例の中で，社会福祉協議会が果たしている役割を整理してみよう。

3．中山間地域で働くソーシャルワーカーに期待される役割を整理してみよう。

4．各地で展開されているコミュニティ・ビジネスの事例を探してみよう。

参考文献

・増田寛也編著（2014）『地方消滅―東京一極集中が招く人口急減―』中公新書
・藻谷浩介他（2013）『里山資本主義―日本経済は「安心の原理」で動く―』角川書店
・日本福祉大学地域ケア研究推進センター（2013）『中山間地域における新たな地域福祉推進策としての「あったかふれあいセンター事業」の効果検証事業報告書』
・大野晃（2005）『山村環境社会学序説　現代山村の限界集落化と流域共同管理』農山漁村文化協会
・高野和良（2015）「過疎地域のコミュニティを支えるために―小規模化する世帯の増加からみえてくる課題―」全国社会福祉協議会『月刊福祉　2015年５月号』
・徳野貞雄監修（2015）『暮らしの視点からの地方再生』九州大学出版会

参考資料

・農林水産省ホームページ「中山間地域とは」
http://www.maff.go.jp/j/nousin/tyusan/siharai_seido/s_about/cyusan/index.html（2021年６月１日アクセス）
・総務省地域力創造グループ過疎対策室（2019）『平成30年度版 過疎対策の現況』
・山形県最上町健康福祉課（2016）「地域福祉推進コース研修会アンケート」集計結果（2016年７月26日実施）

9　都市と地域福祉

小松理佐子

《本章のポイント》 高度経済成長期以降今日まで，地方から都市への人口移動は続いている。さまざまな地域から移り住んだ人々によって構成される都市部では，従来から近隣関係の希薄化が指摘され，互いの違いを認め合いながら共に暮らすコミュニティの形成が課題となっていた。加えて，最近では単身高齢者の増加という新たな課題に直面している。このような状況にある都市で，つながりを生み出すための地域福祉のあり方を考える。

《キーワード》 社会的孤立，ネットワーク，場づくり，権利擁護

1．多様な人々が暮らす都市

（1） 都市化とコミュニティ政策

1950年代後半から60年代にかけての高度経済成長期，日本では三大都市圏を中心とした都市部への大規模な人口移動が行われた。これによって，都市部の地域では，長い間居住してきた人と，新たに移り住んだ人とが混在して暮らすようになる。都市部への人口の移動は，60年代をピークにしてその後は緩やかになっていったが，113ページの図8-2にあるように，人口の減少が続く過疎地とは反対に，都市部では現在も微増している。新たな住民との関係という課題は，今も都市部の地域の課題として残されている。

また，多くの人口を受け入れた都市部では，都市中心部への人口の集中を緩和するために，自治体による開発計画に基づく新たな居住地域が

出所：ユニフォトプレス

写真９－１　東京都の多摩ニュータウン

作られた。大阪府の千里ニュータウン，東京都の多摩ニュータウン（写真９－１），愛知県の高蔵寺ニュータウン等は，その象徴といえる。

ニュータウンに限らず，都市部には，日本住宅公団（現在は，都市再生機構），都道県住宅公社，民間企業等によって，多くの大規模集合住宅が建設された。新たに建設された集合住宅には，さまざまな場所から住まいを求めて移住する人々による新しい居住空間が生まれた。

このような変化を背景にして，1960年代には，社会と家庭との間をつなぐ中間領域としてのコミュニティの形成が課題とされ，国や自治体の政策としても取り上げられた。

国の政策にコミュニティという用語が登場したのは1969年のことである。国民生活審議会調査部は，答申「**コミュニティ―生活の場における人間性の回復―**」の中で，都市化の時代にあって日常生活の共同の場としてのコミュニティを構築する必要があることを指摘した。その２年後の1971年には，中央社会福祉審議会が「**コミュニティ形成と社会福祉**

(答申)」を発表し，社会福祉分野でも取り上げられた。

また，自治体レベルにおいても，1970年代には，東京都の町田市，武蔵野市，三鷹市がコミュニティ計画の策定に着手する等，コミュニティ形成が政策課題とされた。

(２)　都市の現在

①　進行する高齢化と単身世帯の増加

高度経済成長期に建設された大規模集合住宅に移り住んだ世帯の中心は，子育て世代であった。それから40年余りが経過した現在，当時の子どもであった世代は成人して家を離れ，集合住宅に住み続けている親世代は後期高齢期を迎えている。

集合住宅は，同時期に同世代の人々が入居したことから，もともと入居者の年齢構成に偏りがあった。それゆえに，親世代が高齢期を迎えたことによって，かつてのニュータウンでは，「オールドタウン」とすら呼ばれるほどに，高齢化が急激に進行している。

さらに今後は，大都市部をはじめとする人口規模の大きな都市で高齢者数が増加することが予測されている。同時に，高齢者の世帯類型別では一人暮らしが増加している。近くに家族・親族のいない単身の高齢者が何らかの支援が必要になった時，誰がどのように支えるのかは都市部の大きな課題である。

②　外国籍の人々の増加

都市部へ移住しているのは日本国内からだけではなく，国外からの人もいる。日本で暮らす在留外国人の数は，1980年代後半から増加しはじめたが，最近はグローバル化を背景にして急増する傾向にある。その国籍は，中国，韓国，ベトナム，フィリピン，ブラジルなど，多国籍化している。

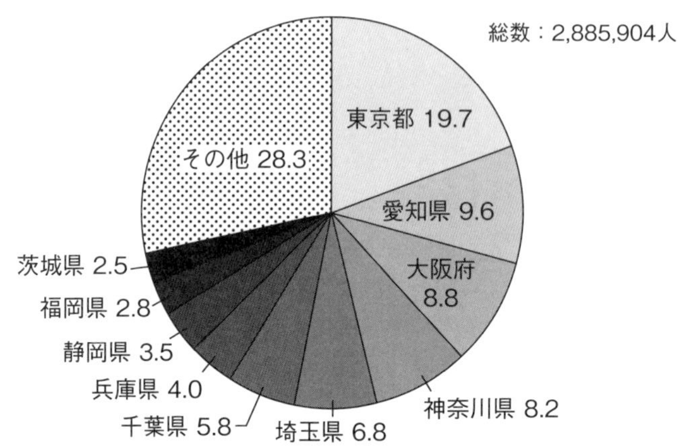

出所：出入国管理庁（2020）より筆者作成

図9－1　都道府県別在留外国人数（2020年6月末現在）

2020年6月末現在，在留外国人は288万人にのぼっているが，図9－1にあるように，そのうちの19.7%が東京都に住んでいる。続いて，愛知県（9.6%），大阪府（8.8%），神奈川県（8.2%）の順となっており，在留外国人の多くが大都市圏に居住している。

③　「まちなか過疎」

かつての都市は，鉄道の駅を中心に商店街が形成され，まちがつくられていた。ところが，大型スーパーの出現や，郊外に大型商業施設が作られた影響を受けて，小売店は閉店を余儀なくされるようになった。一部の商店街を除くと，全国的に商店街の衰退がみられている。閉店した店舗の並ぶかつての商店街は，「シャッター通り」と呼ばれることもあるほどに，人通りがなくなりかつての活気を失っている。閉店しても建物はそのままの状態であることが多く，新たな移住者が増えることも見込めない。店舗とつながる居住スペースには，閉店後も住み続けている人が残り，次第に住民の高齢化が進みつつある。このような空洞化した状況は，**「まちなか過疎」**といわれている。このような状況にある地域では，車をもたない高齢者等が，買い物に行く先に困るような事態も生まれはじめている。利便性が高いはずの都市の中にも「買い物難民」が出現している。

2. 都市の生活課題と地域福祉

(1) 社会的孤立

2001年に，千葉県松戸市の常盤平団地で，亡くなってから3年が経過した男性（69歳）が白骨死体で発見されたニュースが報道され，全国に衝撃を与えた。男性は，離婚して一人暮らしであった（中沢他編 2008）。

常盤平団地は，日本住宅公団によって建設され，1959年に入居が始まった。前で説明した高度経済成長期に東京都への人口集中を緩和させるために建設された集合住宅の一つである。発見された男性は，親族とは音信不通の状態で，近所の人ともあいさつをすることがなかったという。そのため，発見されるまでに長い時間がかかったという。

これは，都市の中で起きた象徴的な事例としてみることができる。その後も**「孤立死」**とみられる事例は発生している。図9－2は，東京23区内における一人暮らしで65歳以上の人の自宅での死亡者数である。自宅で亡くなった人は，2011（平成23）年以降増加し続けており，2018（平成30）年には3,882人にのぼっている（内閣府 2019）。

「孤立死」という問題提起は，決して亡くなった時点の問題だけを取り上げているのではない。「孤立死」を通して見える，家族やコミュニティといったつながりから切り離された状況で日々の生活を送っている人々の孤立という問題である。

「家族や地域社会との交流が，客観的にみて著しく乏しい状態」を，

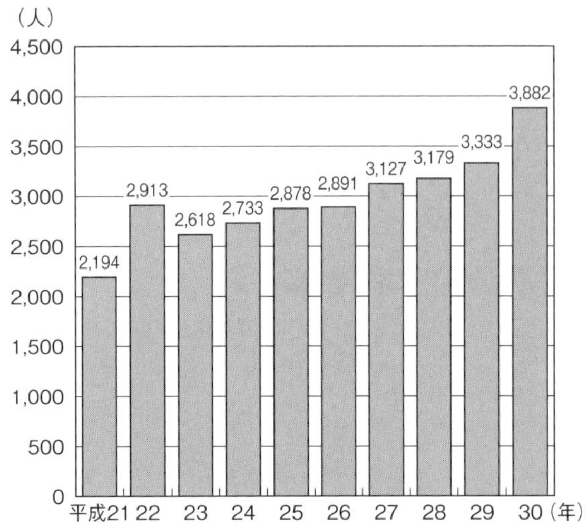

原資料：東京都福祉保健局東京都監察医務院の統計
出所：内閣府（2020）

図９－２　東京23区内における一人暮らしで65歳以上の人の自宅での死亡者数

社会的孤立と呼んでいるが，さまざまな実態調査からは，社会的孤立の状態にある人の中には，健康状態がよくない人や，困った時に頼る人がいない人が少なくないことが明らかになっている。

そして，この問題は集合住宅だけの問題ともいえない。都市部では，単身世帯が増加している。社会福祉研究者の藤森克彦は，単身世帯の８割が都市部の居住者であり，未婚化を背景にして50代と60代の男性の単身世帯の著しく増加していることを指摘している（藤森 2010）。もともと血縁や地縁によるつながりをもたない人同士を，地域という空間の中でいかにつなぐかが地域福祉の課題である。

（２） 摩擦・排除

多くの外国籍の人が暮らす都市部では，文化や生活習慣の異なる外国籍の人と日本人との間の**摩擦**が生じやすい環境にある。例えば，ゴミの分別の仕方，深夜の騒音といった日常生活のささいなことが，住民間のトラブルを招くきっかけになっている。言語の違いから生じるコミュニケーション不足もあいまって，ささいな出来事が少数派の外国籍の人々を地域から**排除**することにつながることも危惧される。

もともと来日する外国籍の人の多くは，一定期間収入を得るために日本に滞在している「出稼ぎ」の労働者としてみなされてきた。そのため，近隣に外国籍の人が住んでいても，その人を地域の住民としてみようとはされなかった。そのため，外国籍の人との共生は，地域福祉のテーマとなっていなかった。

ところが，1990年代の入管法の改正によって，労働を目的として来日した外国籍の人の中に，定住する人が増えている。その中には，結婚し，子育てをしている家庭も増え，保育所や学校など，地域の住民と関わる場面が増えている。2019年の法改正で，特定技能という在留資格が追加されたことから，ますます外国籍の人との関わりは増えるであろう。

こうした変化の中で，従来，「出稼ぎ」者としてみていた外国籍の人々を，地域の一員として受け入れ，互いの文化を認め合いながら暮らせる地域へと再生することが，今日の地域福祉の課題になっている。また，外国籍の人々の中には，十分な日本語の力をもたずに子育てをしていることから悩みを抱える人などもいる。地域には，交流にとどまらず，外国籍の人々への支援も期待されるようになっている。

3. つながりを紡ぐ地域福祉の実践

(1) 多様な主体による支援

① 民生委員・児童委員による見守り

民生委員・児童委員は，厚生労働大臣の委嘱を受けて，ボランティア精神に基づき，地域の住民の支援に取り組んでいる人たちである。次の事例は，ある民生委員・児童委員（事例では「A 委員」とする）が，高齢者の夫婦世帯を支援した事例である（個人情報保護のため，一部に加工を加えている）。

A 委員は，民生委員・児童委員に委嘱されたのをきっかけに，月に1回，担当する区域の高齢者のみの世帯を訪問するようになった。B 夫婦は，夫が75歳，妻は73歳で，持ち家に暮らしていた。

夫婦ともに健康であり，支援を必要としてはいなかった。A 委員は夫婦とごく普通の世間話をして過ごした。時には「役所から来た通知の内容がわからない」等の電話があり，訪問することもあった。

妻が80歳になった頃から，認知症の症状が現れ始め，しばらくして特別養護老人ホームに入所した。一人暮らしとなった夫も80代半ばとなっており，要介護2に認定されていた。そのため，A 委員は，緊急通報システムの設置を勧めた。また，近隣の人たちに集まってもらい，見守りを依頼し，変化があった時には A 委員に連絡をしてほしいと伝えた。

B さんの家の両隣の住民は，毎朝，台所の電灯がついているかを確認してくれていた。ある朝，風呂に入って立ち上がれなくなっているところを近所の人が発見し，救助されたこともあった。また，自宅で転倒しているところを訪問した近所の人に発見され，救急車を呼んだこともあった。
A委員は，できるだけ週に１回は訪問するようにつとめ，話し相手をしながら安否を確認し続けた。訪問すると夫はいつも近所の人に感謝しているという話をしていた。
夫は，何度目かの転倒で入院をし，94歳で死去した。

全国で約23万人の民生委員・児童委員が，このような訪問，見守り活動を続けている。2019年度の１年間に，全国の民生委員・児童委員が行った相談・支援活動は，536万件，訪問回数は3,586万件にのぼっている。見守りが必要な人の数が増える中で，民生委員・児童委員だけで対応することには限界が生じている。そのため，福祉委員などの名称で，民生委員・児童委員と共に活動する委員を設置している自治体もある。

ただし，都市部では，こうした民生委員・児童委員活動を続けることには課題もある。転入者の多い都市部にあっては，どこに誰が住んでいるかを把握すること自体が難しく，支援が必要な人を発見しにくい。従来は，民生委員・児童委員に委嘱されると一軒一軒を訪問して挨拶をするという方法もとられていたが，オートロックのマンションが増える中で，訪問すること自体がしにくくなっている。

② ネットワークによる活動

東京都三鷹市では，おおむね中学校区ごとに図９-３のような**地域ケアネットワーク**（以下「ケアネット」）をつくり，情報交換や地域課題の解決に取り組んでいる。そして，サロン活動，多世代交流事業といった地域の居場所づくりの活動や，住民同士の支え合いのしくみづくりなど，各地区のニーズに合わせた特色ある活動が行われている。

また，同市の**見守りネットワーク事業**では，見守り協力団体として，

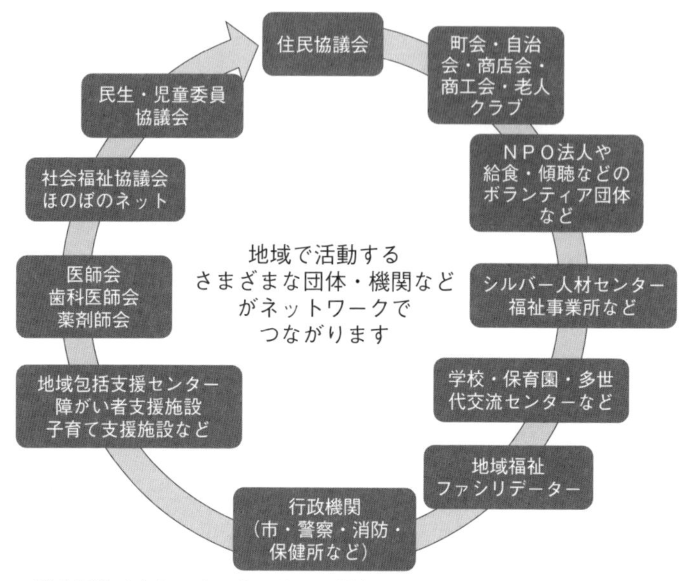

※構成団体は各ケアネットによって異なる
出所：三鷹市ホームページ（2021）

図９－３　三鷹市地域ケアネットワークの構成団体・機関（東京都）

住宅供給公社，電力会社，ガス会社，新聞販売組合，宅配業者，生協，農協，郵便局，水道局等民間事業所等が参加し，地域住民，民生・児童委員，地域包括支援センター，ケアネットとともに，市と協働して高齢者等の異変等に適切・速やかに対応するしくみを作っている。このように，福祉関係者だけではなく，各家庭を訪問する機会をもっている人々が協力して「孤立死」を防ごうとする取り組みは，各地に広がっている。

③　権利擁護

認知症高齢者，知的障がい者，精神障がい者等判断能力が不十分な人が，地域で安心して生活が送れるようにするために，権利擁護の視点から支援している人々がいる。

a.　日常生活自立支援事業

日常生活自立支援事業は，都道府県・指定都市社会福祉協議会が実施主体となり，市町村社会協議会が窓口となって行われている。援助内容は，1)福祉サービスの利用援助，2)苦情解決制度の利用援助，3)住宅改造，居住家屋の貸借，日常生活上の消費契約及び住民票の届出等の行政手続きに関する援助，等である。これに伴って，預金の払い戻しなどの日常的金銭管理や，定期的な訪問が行われている。

b.　成年後見制度

成年後見制度は，すでに判断能力が低下している場合に利用する法定後見制度と，判断能力があるうちに信頼できる人に依頼する任意後見制度とがある。法定後見制度には，判断能力の状態によって後見（常に判断能力を欠いている）・補佐（判断能力が著しく不十分）・補助（判断能力が不十分）に分かれている。この区分のいずれに該当するかは，医師による鑑定に基づいて家庭裁判所が決定する。任意後見制度の場合には，公証役場で公証人の立ち合いのもとで契約される。法定後見人の仕事は，1)身上保護(注1)，2)財産管理(注2)である。

(2)　NPOによるつながりの場づくり

①　商店街の空き店舗を活用した親子ひろば「遊モア」

特定非営利活動法人子育て支援のNPOまめっこ(以下，「まめっこ」)は，名古屋市北区の柳原商店街の中の空き店舗を利用して，「0，1，2，3才とおとなの広場　遊モア（ゆうもあ）」(以下，「遊モア」)を運営している。「遊モア」は，0～3歳の子どもと親が自由に遊びに行ける場所として提供されている。

他の商店街と同様に柳原商店街も，郊外への大型店の進出によって，閉店する店がみられるようになっていた。そうした中で「遊モア」は，2003年に経済産業省の「コミュニティ施設活用商店街活性化事業」と名古屋市「商店街空店舗活用事業助成」の補助金を受けて，開設された。

商店街の中に「遊モア」が開設されたことによって，それまで見なかった若い母親の姿が見られるようになったという。また，「遊モア」に遊びに来た母親が，帰りに近くの商店で買い物をするようになり，商店街の雰囲気が変わっていった。

現在では，遊び場の提供と合わせて，商店街を紹介する冊子を作成したり，「まめっこ」のスタッフと子育て中の親子が商店街主催のお祭りに参加する等，商店街と交流が生まれている。

② あおぞら広場

あおぞら広場は，「まめっこ」が，児童館，民生委員・児童委員等との協働で行っている子育て支援事業の一つである。あおぞら広場の日には，地域の公園にスタッフが出向き，公園の遊具や児童館から持ち込まれる遊具などを使って，子どもたちと遊びをする。これには誰でも参加することができる。

この事業は，親たちの仲間づくりを目的にしているが，当日は，担当の民生委員・児童委員も参加し，子どもたちと遊びながら，親からの相談を受ける体制も作られている。この他，「まめっこ」は，ホームページを開設してメールによる相談も受け付けている。「まめっこ」は，多様な人々が暮らす都市の中で，商店街，公園，インターネットといったさまざまな空間を利用して，つながりの場を創り出している。

4. 都市における地域福祉の展望と課題

(1) 重層的ネットワークとプラットフォーム

相対的に見て都市部では，地縁によって組織される町内会・自治会への加入率は低く，中には町内会が組織されていない地域すらある。そのため都市部では，地縁による組織を核にした地域の組織化は難しい。

しかし，一方で，人口の多い都市部では，人口の少ない中山間地域に比べれば，同じ関心事や趣味などをもつ人と出会う機会は多い。実際に都市部には，問題意識を共有した人々によるNPO団体がさまざまな活動を展開している。

サラリーマン層が多く暮らす都市部では，定年退職を機に，地域との関わりをもとうと考える人も少なくない。ところが，都市部のサラリーマンは，比較的通勤時間が長く，現役時代には地域との関係が希薄になりがちである。そのため，退職後に地域と関わりたいと思っても，そのきっかけが見つけられないことがある。生涯学習や福祉教育の一環として開かれている講座等は，このような思いをもつ人が参加するきっかけを作っている。

実際に，前述の三鷹市では，地域ケアネットが主催となって開催されている地域福祉ファシリテーターの養成講座に参加した人が，そこで出会った仲間とともに居場所プロジェクト「さとうさんち」の活動を始めている。「さとうさんち」は，誰でも目的なくふらっと寄れる場所として，毎月日を決めて開いているものである。場所を提供してくれた家主が佐藤さんであることから「さとうさんち」と名づけられ，毎月開かれている。このように，何らかの講座で知り合った人たちがグループとなって地域活動を始めている例は各地にみられている。参加のしかけづくりをすることによって，都市部の地域福祉の担い手はまだまだ増えることであろう。

また，都市部には，企業や大学が多く存在している。「まちなか過疎」と呼ばれるような住民の数が減少している地域であっても，昼間は，通勤・通学で滞在している人が多く存在していることもある。通勤・通学によって都市に集まる人々を，地域活動に巻き込むことによって，多くの担い手を得ることが可能になる。

このように都市部には，多様なネットワークと豊富な資源が存在している。ふだんは別々の活動をしている人々が顔を合わせることのできる**プラットフォーム**を用意することによって，地域福祉の推進は広がりをみせるであろう。例えば，地域福祉計画の策定や評価のための委員会などの会議は，プラットフォームとして有効である。また，まちづくりや防災といった共通の関心事から，つながりのきっかけをつくることも有効である。

(2)　今後の課題

今後の課題の１つは，一人暮らし高齢者の急増という都市が直面している課題を解決するための**重層的な支援体制づくり**である。それには，成年後見人などの司法分野と見守り・生活支援に取り組む地域福祉分野とが有機的な連携を図ることも必要となる。現在，市町村で策定する地域福祉計画と成年後見制度利用促進計画を一体的に策定する取り組みが始まったところである。計画策定に留まらず，それをいかに具体化するかが問われる。

２つ目には，**包摂型コミュニティ**の形成である。まちづくりのような大多数の人々の利益を追求しようとする活動の中には，一部の弱い立場の人々の存在を忘れて進められる危険性ももっている。いかに，生きづらさを抱える人や外国籍の人，生活困窮者等の弱い立場の人々も包み込むような包摂型コミュニティを形成するかが地域福祉の重要な課題となる。

それには，弱い立場の人々が地域福祉計画の策定などの政策づくりへ参加できる機会を保障することや，地域福祉活動の担い手の一人として参加できるような仕掛けづくり等がソーシャルワーカーに期待される。

(注)

1）身上保護は身上監護と呼ばれることもあり，以下のような事項が含まれる。
- ・家賃の支払いや契約の更新等
- ・老人ホーム等の介護施設の各種手続きや費用の支払い
- ・医療機関に関しての各種手続き
- ・障害福祉サービスの利用手続き
- ・本人の状況に変化がないか定期的に本人を訪問し生活状況を確認等

2）財産管理には，以下のような事項が含まれる。
- ・印鑑，預貯金通帳の管理
- ・収支の管理（預貯金の管理，年金・給料の受取，公共料金・税金の支払い等）
- ・不動産の管理，処分
- ・貸地・貸家の管理
- ・遺産相続の手続き等

◎学習課題◎

1．都市における地域福祉の課題についてまとめてみよう。

2．「孤立死」をなくすため，住民に何ができるかを考えてみよう。

3．民生委員・児童委員の活動事例の中で，民生委員・児童委員の果たしている役割を整理してみよう。

4．あなたが住んでいる地域では，どのような「つながりの場づくり」が行われているかを調べてみよう。

参考文献

・藤森克彦（2010）『単身急増社会の衝撃』日本経済新聞出版社
・河合克義（2009）『大都市ひとり暮らし高齢者と社会的孤立』法律文化社
・中沢卓実・淑徳大学孤独死研究会編（2008）『団地と孤独死』中央法規出版
・成清忠男監修，市川一宏編，三鷹ネットワーク大学著（2019）『人生100年時代の地域ケアシステム 三鷹市の地域ケア実践の検証を通して』特定非営利活動法人三鷹ネットワーク大学
・東洋大学福祉社会開発研究センター編（2011）『地域におけるつながり・見守りのかたち』中央法規出版

参考資料

・三鷹市ホームページ「地域ケアネットワークについて」
city.mitaka.lg.jp/c_sewice/087/08751.html（2021年6月1日アクセス）
・内閣府（2020）『令和2年版 高齢社会白書』
・出入国管理庁（2020）『令和2年6月末における在留外国人数について』
http://www.moj.go.jp/isa/publications/press/nyuukokukanri04_00018.html

10 子ども・家庭と地域福祉

吉岡洋子

《本章のポイント》 子ども・家庭を取り巻く環境は大きく変化し，育児の孤立化や貧困，虐待等の課題が山積している。今日，地域の多様な子育て支援拠点等を通して，親子や地域住民，専門職がつながり，子どもと家庭を支えている現状と地域福祉の可能性を考える。
《キーワード》 子育て環境の変化，地域子育て支援，保育所，地域支援，子ども食堂，子どもの貧困

1. 子ども・家庭を取り巻く環境の変化

（1） 子どもの権利条約―子どもは権利の主体

1989年に国連で採択された**「子どもの権利条約」**は，子どもを単なる保護の対象ではなく，**権利の主体**と位置づける画期的な価値転換をもたらした。「生きる／育つ／守られる／参加する」という4つの権利を柱とした子どもの権利保障の考え方は，今や世界の共通基盤となっている。

日本は，1994年にこれを批准，2016年には**児童福祉法**（1947年制定）改正で同法に子どもの権利条約を基本理念とする旨が明記された。とはいえ，子どもが健やかに育ち，権利が保障される社会の実現に向けた課題は山積しており，国や自治体だけでなく，**「子どもが育つ場」である地域**が果たす役割は大きい。本章では，主に1990年代以降に地域で創出されたさまざまな支援実践に注目し，地域福祉の観点から子ども・家庭を支える社会のあり方を展望する。

(2) 母親の育児負担と孤立の高まり

歴史的に子育ての営みには，親だけでなく，血縁や地縁を基盤とする地域で多くの人が関わっていた。子ども同士は，異年齢の群れで遊びあい，育ちあった。多くの親たちは仕事や家事に手一杯でゆっくり子どもと過ごす余裕はなく，祖父母や年長児らが子どもの世話をしていた。

その時代と今日の子育て環境は大きく異なる（大日向 2015）。高度経済成長期以降，生活は豊かで便利になりライフスタイルも多様化したが，子育ての面では，喜びや楽しみ以上に大変さが目立つようになった。

子育ての困難を高める要因の１つは，家庭内での**育児負担の母親への集中**である。1960年代頃に専業主婦が大衆化し，「子育ては母親の役割」という**性別役割分業**に基づく構図と規範が形成された。その後の共働き家庭の増加後も，男性片働きモデルでの長時間労働は未改善である。

もう１つの要因は，地域社会の中での**子ども・家庭の孤立化**である。都市化や少子化の進行で，子どもの育ちに必要とされる「３つの間（ま）＝空間・時間・仲間」が失われるとともに，地域社会の人間関係の希薄化によって身近な交流や手助けが減り，子育てが家族内で完結しがちになった。

育児の疲労感・孤立感，また特に母親が重く負わされる子どもの安全，養育や教育の責任とその息苦しさは，現代の子育て環境ゆえに生じている。こうした問題が認識され，虐待防止の観点からも，社会全体での子育て支援の必要性が求められるようになった。

(3) 地域子育て支援の考え方

日本で**子育て支援**が本格的な政策として始まったのは1990年代初頭で，政府が**少子化**への危機感を表明した「1.57ショック」（1989年の合計特殊出生率が過去最低の1.57）が契機だった。まず，子育てと仕事の両立支援として，**保育サービスの拡大**が図られた。それでも出生率改善がみられず，在宅子育て家庭を含む**「すべての子どもと家庭」への総合的対策**として，次々と施策が打ち出された。

そして，「子育て支援」の政策も実態も幅が広がる中で，現金やサービス給付としての支援に留まらず，子ども・親がそれぞれ主体として地域社会で生きるという側面への注目が増した。例えば，大豆生田（2006）は子育て支援を，「子育ち支援」「親育ち支援」また子育ての支え合いを生み出す「まち育て支援」でもあると定義する。また山縣（2016）は，子ども，親，親子関係，地域社会の４つを**地域子育て支援**のターゲットと示している（図10-１）。「子育て支援」と「地域子育て支援」は同義でも用いられる言葉だが，特に「地域子育て支援」というとき，地域づくりや住民・NPO 等の活動を明確に含んでおり，地域福祉の理念や実践に深く通じる。

本章では以下，住民主体の実践活動（２節）と公的施策（３節）の両

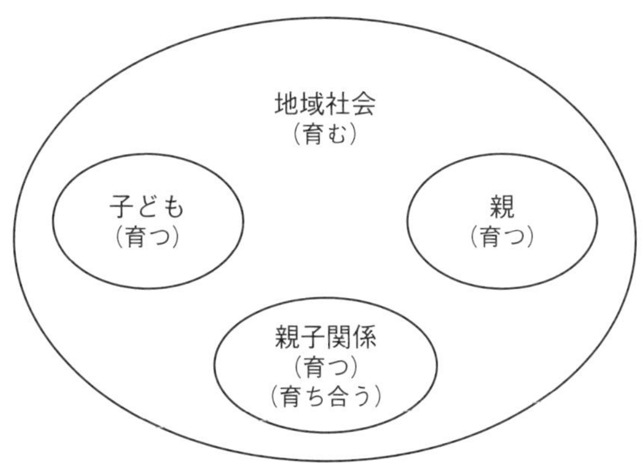

（注）山縣文治（2016）の図を筆者が一部変更

図10-１　地域子育て支援のターゲット

面から地域子育て支援について学び，さらに4節では子どもの貧困問題を契機とした新たな地域実践の展開に注目する。

2. 住民主体の地域子育て支援

（1） 当事者（親）によるサークルやひろばの立ち上げ

まず，子育てに孤立感を抱く母親たちの中で，1980年代頃から自然発生的に**「子育てサークル」**が生まれた（牧里・山野編著 2009）。親たちが集い子どもを遊ばせながら，情報交換や行事を行うグループ活動である。例えば，1995年の阪神・淡路大震災で人口が流出した神戸市東灘区（兵庫県）では，その後の新築マンション建設で子育て世代が多数転入した。新住民の母親たちは，子育てサークル，そのネットワーク組織を形成して，自分たちのコミュニティを作っていった。

次段階として，**「子育てひろば」**や**「子育てサロン」**と呼ばれるような，**親同士が気軽に交流できる拠点**が地域に作られていった。子育て中の親だけでなく，子育て経験者，子育てサークルのリーダー，専門家等も主体となり，**対等性や共感性に基づくピアサポート**や，主体・当事者である**親のエンパワメント**を重視していた点が特徴的である（山縣監修 2013）。公的な子育て支援資源も少なかった当時，NPO 法人として一時保育等の資源を生み出す例もみられた（事例）。

こうした住民主体で運営される居場所はその後，政策的に促進され，多くが国庫補助事業「つどいの広場（事業）」(2002年～）や各自治体の助成事業に位置づけられて今日に至る。

【事例】 NPO 法人「びーのびーの」の子育て支援拠点づくり

神奈川県横浜市の「びーのびーの」は，20人程の母親が集まり，商店街の空き店舗を借りて，2000年にNPO法人として子育て支援施設の運営を始めた。親同士が気兼ねなく交流し，支え合う場を作る中で，子育て中や子育てが一段落した母親がスタッフとなる形が確立された。

子育て家庭への支援拡大のため，行政にも積極的に働きかけ，当事者・支援者としてのノウハウをもとに活動は大きく広がった。例えば，社会福祉協議会や横浜市との連携によるひろばの実施，一時預かり，自治体の地域子育て支援拠点の運営等である。さらに，近隣の高校・大学との連携での「学生によるわくわく子育てサポーター事業（乳幼児家庭へのボランティア訪問）」等，地域子育て支援の裾野を広げる活動展開により，先駆事例として全国に影響を与えている。

（2） 地域住民の援助活動を促進するしくみ

また，次のように，子育てや子どもの福祉に関心のある地域住民の参加を，公的に促すしくみも発展している。

①　ファミリー・サポート・センター事業

子育てを手助けしてほしい人（依頼会員）と，**有償ボランティア**で子育てに協力してくれる人（協力会員）をマッチングし，地域の中での助け合いを生む**会員制のしくみ**である（図10-２）。保育所送迎や，協力会員宅での一時的預かりが主な活動内容で，有償ゆえの気兼ねのなさや，地域の中でのつながり構築等が利点である。安心して活動できるための保険加入や活動報告があり，また研修や交流会も開催される。

1994年に国の補助事業として始まった事業で，今日では全国833か所のセンター（2018年）が運営される。市区町村が設立運営主体だが，事務局の半数は社会福祉協議会，他はNPO法人等が担っている。ひとり親家庭等への利用料助成や，病児・病後児対応を実施する自治体もある。

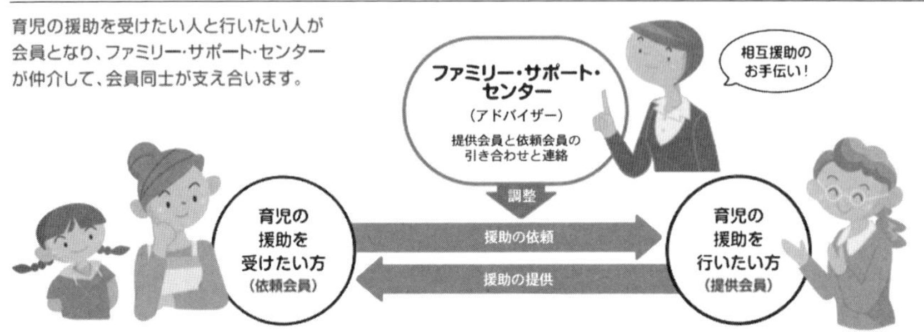

出所：厚生労働省（2016）

図10-2　ファミリー・サポート・センターのしくみ

②　児童委員・主任児童委員

地域福祉を支える児童委員は，子どもたちの通学の見守り，地域の子育てサロンの運営，子育てイベント等を通して，**地域の子育ての身近な相談相手**として認知を広げ，相談・援助を担っている。

さらに，2001年に法定化された主任児童委員（児童委員の中から指名）は，概ね小学校区に１人配置され，児童虐待の発見，児童相談所や福祉機関との連携等，児童福祉をより専門的に担当している。**法定ボランティア**（無給の非常勤国家公務員）である児童委員／主任児童委員の活動は，行政事業との連携が深い。生後４か月以内の全家庭を専門家等が訪問する「こんにちは赤ちゃん事業（乳児家庭全戸訪問事業）」での訪問担当や保健師等への同伴，乳幼児健診の受付サポート，学校への協力等，地域の実情に応じて活動している。

3. 公的施策としての地域子育て支援

（1） 保育所等における子育て支援—専門性の発揮

住民主体の活動や居場所づくりが進む一方で，地域の中に子育て支援の拠点を増やすため，**身近な児童福祉施設である保育所や児童館**等の活用も，政策的に促進された。1993年のモデル事業以降，特に保育所は多機能化が進み，日々利用している子ども・家庭の対応に加えて，地域に住む親子への支援も行うようになった。今日の保育所等[注1]は，**地域の子育て支援の拠点**の一つとして重要な役割を担っている。

保育所保育の基本原則である「保育所保育指針（平成30年施行版）」は，保育所の役割を「入所する子どもを保育するとともに，**家庭や地域のさまざまな社会資源との連携**を図りながら，入所する子どもの保護者に対する支援及び**地域の子育て家庭に対する支援**等を行う」と定めている。その支援において，保育所等の専門性や特性（専門職，遊具，異年齢の子どもの存在等）を発揮することや，学校や児童相談所をはじめ関係機関と積極的に連携・協働することが求められている。

【放送教材事例】　地域と積極的につながる「YMCA 保育園」

神戸市西区の学園都市駅エリアは，1985年の地下鉄開通で誕生した新しいまちである。神戸 YMCA は，保育所等開設を通して当初からまちづくりに参画し，民間非営利団体（1988年からは〔社福〕YMCA 福祉会）として，発達障がい児のための事業や児童館など地域のニーズに応じた資源を開拓してきた。

YMCA 保育園（1988年設立，現在制度上は幼保連携型認定こども園）（写真10-1）は，積極的に地域とつながりながら，保育や子育て支援を展開している。地域への子育て支援では，園庭開放，一時保育，体験

写真10-１　地域と積極的につながる「YMCA 保育園」(神戸市)

写真10-２　地域の親子が集う園外での「赤ちゃんサロン」(神戸市)

保育，相談，また園外での「赤ちゃんサロン」（写真10-２）を実施する。

また，園長などが，町内会や学校評議会，福祉機関のケース会議や行政の委員会等に積極的に参画している。個々の親子を支えることに加え，子どもの育ちを支える地域づくりの主体の一つとして保育園が欠かせない存在となっている（詳細は放送教材)。

（２） 法定事業としての「地域子育て支援拠点」

以上のように，地域における身近な子育て支援の拠点は，住民主体のタイプ，専門職中心のタイプと各々が政策的に促進されて広がった。その多様な拠点について，基本事業（交流，相談，情報提供，講習）を定めて一つの制度に統合する形で，国は2007年に「地域子育て支援拠点事業」を創設した。

同事業では事業類型が変遷しつつも拠点総数は増加を続け，今日では全国計7,578か所(2019年)に至る(図10-３)。現在の類型では，「連携型」は主に児童館，「一般型」は公共施設空きスペース，アパートの一室，保育所等を活用するものである。各拠点での地域支援（高齢者世代との

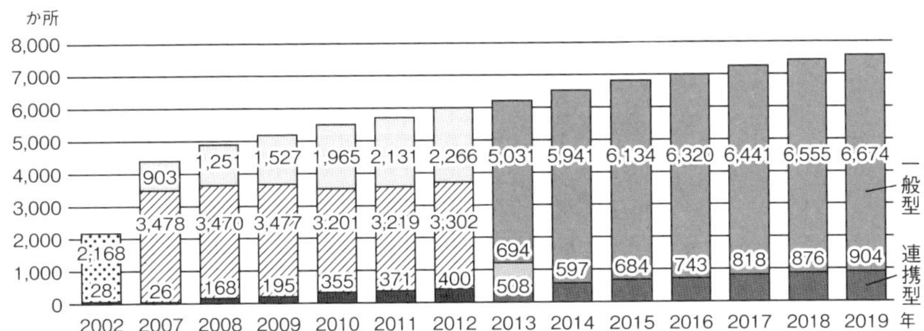

2002年：グラフ下から「地域子育て支援センター事業（保育所拠点）」「つどいの広場事業」
2007−2012年：グラフ下から「児童館型」「センター型」「ひろば型」
2013年：グラフ下から「連携型」「地域連携強化型」「一般型」
2014年以降：グラフ下から「連携型（*児童館）」「一般型」

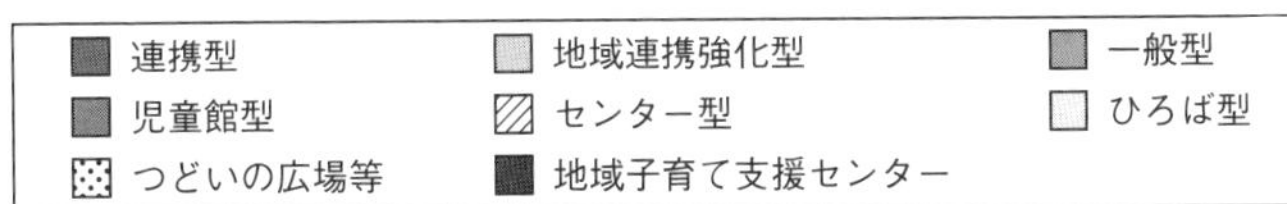

出所：厚生労働省　地域子育て支援拠点事業実施状況

図10-3　地域子育て支援拠点事業の実施か所数の推移（事業類型別）

交流等）や一時預かり等が促進される意義が大きい一方で，拠点に自ら参加しない／できない親子への対応の難しさは課題として残されている。

（3）　新制度での「地域子ども・子育て支援」

2012年成立のいわゆる**「子ども・子育て関連3法」**に基づき，2015年に**「子ども・子育て支援新制度」**が施行された。子育てに関わる制度の戦後初の抜本的改革であり，幼児教育・保育のしくみが大きく変わった。

地域福祉の観点からは，新制度の中で13事業から成る**「地域子ども・子育て支援事業」**（表10-1）が注目される。個別の利用者支援である「利用者支援事業」では，地域連携（さまざまな子育て支援関係者とのネットワーク構築や，不足する資源開発）が明示されている。また，上

表10-1　「地域子ども・子育て支援事業」の13事業と主な内容

①利用者支援事業	身近な場での保育施設や地域の子育て支援事業等の利用の相談，助言，連絡調整
②地域子育て支援拠点事業	親子の交流促進や育児相談
③妊婦健康診査	妊婦の健康状態把握や保健指導
④乳児家庭全戸訪問事業	生後4か月までの乳児のいるすべての家庭を訪問，情報提供や養育環境把握
⑤養育支援訪問事業	④等で把握した養育支援を要すると判断される家庭に保健師・助産師・保育士等が居宅を訪問，相談や育児家事援助
⑥子育て短期支援事業	児童養護施設等でのショートステイ，トワイライトステイ
⑦子育て援助活動支援事業	児童の預かり等の相互援助活動の調整等（ファミリー・サポート・センター事業）
⑧一時預かり事業	保育所，幼稚園その他の場所での一時保育
⑨延長保育事業	保育認定を受けた子どもの延長保育
⑩病児保育事業	病気の児童を病院等付設の専用スペース等で看護師等が一時保育
⑪放課後児童健全育成事業	学童の授業終了後等の健全育成（放課後児童クラブ）
⑫実費徴収に係る補足給付を行う事業	世帯所得の状況により保育・教育にかかる日用品の費用等助成
⑬多様な主体が本制度に参入することを促進するための事業	新規参入事業者に対する相談・助言等巡回支援，特別支援を要する子どもの認定こども園での職員加配促進等

述の「地域子育て支援拠点事業」や「ファミリー・サポート・センター事業」もこの枠組みに位置づけられている。今後，地域の実情に応じた支援策の拡充が期待される。

4. 子どもの貧困と地域福祉

(1)　「子どもの貧困」の社会問題化

上記のように，乳幼児期を中心とした地域子育て支援が発展する一方で，貧困や虐待等の福祉課題の深刻さは増す一方だった。そうした中，日本の子どもの**相対的貧困率**(注2)は15.7%，「6人に1人」が貧困というデータ（2009年）が衝撃を与え，2010年代から学童期以降を含む**「子どもの貧困」**が新たな社会問題として浮上した。2013年「子どもの貧困対策推進法」，2015年「生活困窮者自立支援法」が制定されたが，国の対応は遅れている。

日本では，特に「児童のいる世帯」全体の1割弱を占める**「ひとり親世帯」（149.1万世帯，うち87%が母子）の貧困率**は48.1%（2019年）にも達し，国際比較でも際立って高い（図10-4）。非正規雇用の拡大と男女賃金格差が影響して，「母子世帯」の平均総所得は年間306万円（稼働所得は231万円，2019年国民生活基礎調査）と低く，「児童のいる世帯全体」の41%に留まっている。

子どもの貧困は，経済的困窮だけを意味しない。「基本的な生活習慣である衣食住，いのち・健康を守るための医療，時間的・心理的なゆとり，余暇活動・遊びにおける多様な経験，適切な養育・学習環境など」の**多面的な不利**と結び付く（松本他編 2016)。そして，**人や社会との「関係」から排除**されれば，自己肯定感や学力が低くなりがちで，進学・就職等のライフチャンスに恵まれにくくなる。

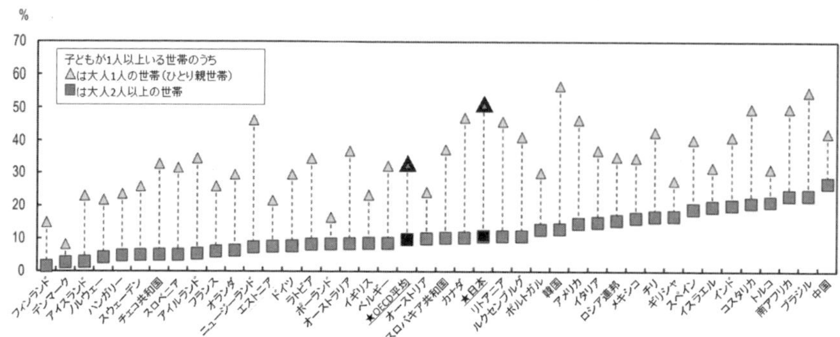

（注）2016年又は最新年のデータ（日本は2015年）。大人とは18-64歳の稼働年齢。
出所：OECD Family Database（Co2.2:Child poverty）の国を筆者が邦訳

図10-4　子どものいる世帯の貧困率の国際比較（ひとり親世帯・大人２人以上の世帯）

（２）　子ども・家庭への公的支援拡充の必要性

しかし日本の社会保障制度は脆弱で，雇用の不安定化や家族形態の多様化といった社会変化に対応できていない。特に，子育て分野への公的支出は少なく，**「家族」への社会支出**（幼児教育・保育や児童手当，育児休業給付等）の対GDP比は，日本が1.6%，OECD平均2.2%，最も高いデンマークは3.4%である（2017年）。主要なEU諸国に比べて，日本での子ども・家庭への公的支援は圧倒的に少ない。

また，児童福祉法をはじめとする日本の法制度では，深刻な虐待等でなければ，在宅家庭に対する実質的な（相談以外の）支援がほとんどないという問題がある。そのため，公的支援を受けずに**孤立したハイリスク状態の親子**が多数，地域で暮らしている。児童相談所での児童虐待相談対応件数は約20万5,000人（2020年）に至るが，実際にはその９割以上は在宅指導の扱いとなっている他，児童虐待死亡例の背景分析では，地域社会との接触のなさ（乏しい，ほとんどない）が75%，実母のDV

被害経験が19％みられ，**困難の複合性**がうかがえる（厚生労働省 2020年発表）。

諸外国では，**課題早期からの重層的な「家族支援」**が，深刻化の予防策として重視されている（Frost et al. 2015）。イギリスや北欧諸国の場合，状況に応じて，カウンセリング，親教育プログラム，養育・家事ヘルパー，レスパイト等を提供し，親子の生活維持を支えている。

日本でも，厳しい環境におかれた子ども・家庭に対して，公的責任での支援拡充は必須である。だが，子どもの権利保障は国や自治体だけで実現できるものではない。実際，子どもの貧困問題を機に人々の「放っておけない」という思いが高まり，主に2010年代以降，子ども食堂や学習支援など新たな形での地域福祉実践が活発化している。

（３）　子どもの貧困に立ち向かう地域実践

① 「子ども食堂」と地域づくり

「子ども食堂」は，地域の子どもや大人に無料や安価で食事を提供する場である。2012年頃に個人が始めた活動が広く共感を得て，全国で約4,960か所（2020年）に広がった。定義やルールもなく多様な実践が広がる中で，湯浅（2017）は子ども食堂を２つのタイプに概念整理した。貧困等の困難のある子どもへの個別対応を志向する「ケア付き食堂」と，対象を限定せず地域づくりを志向する「共生食堂」である。どちらも，単に「食事をする場」を超えた，人々のつながりの意味が示されている。

子ども食堂が特に活発化している自治体では，活動理念の共有と，食堂の設立や運営，相互交流等への積極的なバックアップがみられる。例えば兵庫県明石市では，子ども食堂を「食をきっかけとして，すべての**子どもたちが地域の方とつながる新たな居場所**」と位置づけ，全28小学校区で運営される（2020年）。また子ども食堂の４つの機能として，「食

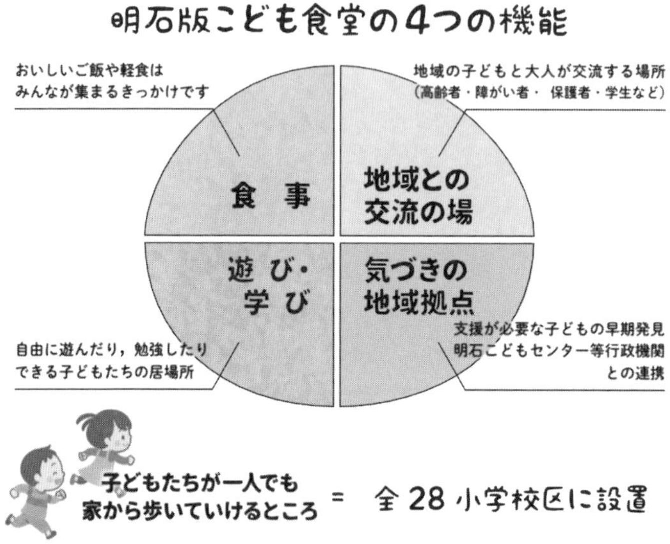

出所：あかしこども財団（2019）

図10-5　「明石版こども食堂」の4つの機能

事」「遊び・学び」「地域との交流の場」「気づきの地域拠点」を明示しており（図10-5），**地域での福祉課題への気づき**を放置せず，**専門職の支援につなげるしくみ**となっている点が重要である。

② 子どものための対象限定型の居場所

さらに，一定の専門性や経験をもつ立場からの，**困難や孤立を抱える子どもに対象を限定した居場所**の創設もみられる。例えば「ひとり親家庭」等，特定のテーマをもつ居場所では，当事者が安心して交流や相談がしやすく，より個別的な支援が提供できる（放送教材事例）。

また滋賀県では民間のモデル事業で，**養育困難家庭や不登校の子ども**を対象に，福祉施設を活用した夜の居場所が「フリースペース」として開設された（2016年～）。ごく少数（1-2世帯）の参加者に絞り，月1

回程度，大人とマンツーマンで，食事や遊び，入浴等の時間をほっとして楽しく過ごせる場である。専門職とボランティアの連携による，**教育・福祉の制度から漏れてしまう子ども**への関わり方の一つの新たなモデルといえる。

【放送教材事例】　シングルマザーと子どものための居場所「WACCA」

神戸市長田区（兵庫県）に，困難を抱える女性やシングルマザー，子どもたちの居場所と仲間づくりの場「WACCA（わっか）」がある。「認定NPO法人女性と子ども支援センター ウィメンズネット・こうべ」が，民間シェルター退所後の母子が抱える深刻な貧困・孤立の問題に対して，地域で安心して集える場が必要と，2013年開設した。

WACCAは，ひとり親家庭の「子ども」の居場所（学習支援やイベント）と同時に，「女性・母親」の居場所（シングルマザーの交流会，相談や食料支援等）でもある点が大きな特徴といえる。個々の親子に伴走する支援実践の蓄積を経て近年，スクール・ソーシャルワーカーや他団体との連携拡大，また居場所運営が市の補助事業に採択される等，大きな展開がみられる（詳細は放送教材）。

（4）　子どもを中心とする地域の連携とネットワーク

個々の家庭が抱える福祉課題は，**専門性や個人情報保護**の面からも，地域住民や民間団体だけで担いきれるものではなく，地域活動と子どもに関わる機関や専門職との連携が必要となる。

今日，学校に配置されている福祉専門職「**スクール・ソーシャルワーカー（SSW）**」は，特に重要な存在で，**地域福祉と「学校」の連携**を前進させている。子ども・保護者の相談，資源・サービスへのつなぎ，また学校内の支援体制構築，複数機関の調整とアウトリーチ型の支援を担う存在である。2008年度の配置（文部科学省事業）当初から続く不安定な雇用条件を改善することで，連携の要として一層の活躍が期待される。

また，子どもを支える**民間主体のネットワーク**も創出されている。滋賀県の「滋賀の縁創造センター」は，民間福祉関係者が2014年，高齢・障がい・児童・生活困窮といった分野や立場を超えて，資金・人・時間を持ち寄り，制度外事業を創造・実践すべく設立した会員組織（事務局は県社会福祉協議会内）である。**子どもを真ん中においた地域づくり**を掲げるセンターが核となり，行政や地元企業，NPO 等との連携も全県に広がったことで，新発想での事業（上述の「フリースペース」を含む）が次々と実現している（永田・谷口監修 2020）。

こうした例には，伝統的な地縁・血縁に留まらず，**新たな形で子どもを支えるネットワークや地域社会のあり方**と可能性が示されている。

5. まとめと展望―すべての子どもの権利を守る社会へ

貧困や孤立等，課題を抱える子どもへの支援について，日本では公的制度での対応が圧倒的に不足している。子どもの権利保障のために，所得等の生活基盤を支え，家庭支援のサービスや専門職の拡充等，国が責任をもって進める必要がある。

本章でみたように，社会で未対応の課題に気づいた住民や民間団体は，子育てひろばや子ども食堂等々，新たな実践を次々と生み出してきた。それが，子どもを中心とした地域づくりや，公的な支援策へと発展している点が地域福祉の強みといえるだろう。

しかし，子ども・家庭の問題が地域福祉に丸投げされたり，国や自治体が果たすべき役割が曖昧化されたりしてはならない。子ども・家庭に関わる地域福祉の実践が新たなモデルや可能性を示しつつ，すべての子どもの権利が守られ，豊かに育つことのできる社会構築が目指される。

（注）

1） 子ども・子育て新制度以降，「保育所等」とは，保育所に加え，幼保連携型認定こども園等の特定教育・保育施設と特定地域型保育事業（うち2号・3号認定）を含む。保育所保育指針に相当する，「幼保連携型認定こども園 教育・保育要領」でも，地域子育て支援を規定している。

2） 相対的貧困とは，その国の文化や生活水準と比較して困窮した状態，具体的には世帯所得が一般の半分未満（等価可処分所得の中央値の半分に満たない）の状態を指す。

◎学習課題◎

1．育児の孤立化がなぜ起こるか，考えてみよう。

2．住民主体の子育てサークルや子育てひろばの利点をあげてみよう。

3．保育所における地域の子育て家庭への子育て支援のメニューを調べて，特徴を説明してみよう。

4．子ども食堂の可能性と課題を整理してみよう。

参考文献

・Frost, Nick.et.al（2015）Family support. Polity Press

・柏木智子・武井哲郎編著（2020）『貧困・外国人世帯の子どもへの包括的支援』晃洋書房

・牧里毎治・山野則子（編著）（2009）『児童福祉の地域ネットワーク』相川書房

・松本伊智朗・湯澤直美ほか編（2016）『子どもの貧困ハンドブック』かもがわ出版

・永田祐・谷口郁美（監修），佐藤桃子（編）（2020）『子どもと地域の架け橋づくり』全国コミュニティライフサポートセンター
・大日向雅美（2005）「子育ての変遷と今日の子育て困難」，大日向雅美・荘厳舜哉（編）『子育ての環境学』大修館書店，pp.92-112
・大豆生田啓友（2005）『支え合い，育ち合いの子育て支援』関東学院大学出版会
・才村純・芝野松次郎・新川泰弘・宮野安治（編著）（2019）『子ども・家庭福祉専門職のための子育て支援入門』ミネルヴァ書房
・山縣文治（2016）『子ども家庭福祉論（第２版）』ミネルヴァ書房
・山縣文治（監修），中谷奈津子（編）（2013）『住民主体の地域子育て支援』明石書店
・湯浅誠（2017）『「なんとかする」子どもの貧困』KADOKAWA
・渡辺顕一郎，野町文枝，中橋恵美子，松田美穂（2006）『地域で子育て―地域全体で子育て家庭を支えるために』川島書店

参考資料

・一般財団法人あかしこども財団（2019）「あかしこども食堂図鑑」
・厚生労働省（2016）「ファミリー・サポート・センターのご案内」
・厚生労働省「地域子育て支援拠点事業実施状況（令和２年度）」
・NPO 法人全国こども食堂支援センター・むすびえ（2020）「こども食堂全国箇所数2020 結果のポイント」
・OECD Family Database
・OECD Social Expenditure Database（SOCX）

11 地域包括支援とは何か

斉藤弥生

《本章のポイント》 日本では「地域包括ケアシステム」,「地域共生社会」等の政策により地域包括支援が目指されている。地域包括支援の取り組みは諸外国にもみられ，北欧諸国はより包括的であり，アメリカは限定的である等，その対象者や枠組みはさまざまである。日本における地域包括支援のルーツとその展開，また地域福祉の視点から目指される地域包括支援を考察する。

《キーワード》 包括ケア，地域包括支援，社会的包摂，個人の尊厳，「地域包括ケアシステム」，住民参加，住民と専門職の協働，「地域共生社会」

1. 地域包括支援と包括ケア

地域包括支援とは，地域において**支援を必要とする人たちを**，縦割りではなく**包括的に支援しよう**とする考え方であり，その実践である。しかし支援を必要とする人は誰か，支援をする人は誰か，何をどこまで支援するのか等，その取り組みと内容は，国や地域によってさまざまである。本章で紹介するアメリカの例は医療と介護に限定されており，その意味では包括ケアである。北欧諸国の例は高齢者だけでなく，地域に住むすべての住民を対象としており，医療と介護だけでなく，必要な人には就労支援や経済的支援を含むという点で包括的支援といえる。

(1) 北欧諸国の例―基礎自治体による公的責任に基づく地域包括支援

地域包括支援の例として，北欧諸国の取り組みがよく紹介される。北欧諸国では社会福祉の基本法に包括支援の理念が示され，例えばスウェーデンの**社会サービス法**（1982）は次のようである。

「公的社会サービスは民主主義と連帯を基盤に，**市民の経済的，社会的安心，生活条件の平等**および**社会生活への積極的参加**を促進しなければならない。社会サービスは市民各々の社会的境遇に対する自己責任に考慮しながら，個人およびグループ生来の資源を開放，発展させなければならない。活動は個人の自己決定とプライバシーの尊重に基づいて行われなければならない」（１章１条）

「**基礎自治体**は地域内に住む住民が，必要な援助を受けることができるよう，その**最終責任を負う**」（２章１条）

社会サービス法にみるように，スウェーデンでいう包括支援は福祉サービスの提供だけでなく，**経済生活の保障**や**社会生活への積極的参加の促進**も対象としている。また同法は包括支援の**最終責任は基礎自治体**（日本の市町村にあたる）にあるとし，その責任の所在を明確にしている。生活困難事例は複数の課題が絡み合って複雑化，深刻化していることも多い。スウェーデンの社会サービス法は，高齢者福祉，障がい者福祉，保育，児童福祉，生活保護等の関連法をまとめ，**縦割りの施策を統合**し，**基礎自治体単位での包括的な課題解決**を目指し，社会福祉施策の基本となる法律として1982年に施行された。

スウェーデンでは社会サービス法に基づき，基礎自治体ごとに24時間365日対応の在宅ケアシステムが整備されている。また提供される社会サービスは障がいのある人や子どもたち，在住外国人等すべての居住者を対象としており，支援対象も支援内容も共に包括的である。

スウェーデンにおける基礎自治体の標準規模はおよそ1.6万人で日本の中学校区規模であるが，地方所得税重視の税体系により，**基礎自治体が自主財源と福祉運営における強い権限**をもつ。提供する福祉サービスの種類と量，必要な利用者負担額を自治体議会が決定するという，徹底した地方分権のもとで包括支援が行われている。ただし北欧諸国ではこのしくみが定着しており，この運営形態を包括支援とは呼んでいない。

（2）イギリスの例・アメリカの例

イギリスの地域福祉では，1970年代に**シーボーム報告**（1968）を骨子とした**コミュニティケア改革**が包括支援を目指した。この改革により，小地域単位に配置されたソーシャルワーカーが課題解決にあたる**パッチ・システム**（patch based social services）が構築され，日本でも多くの地域福祉研究者が注目してきた。シーボーム改革は，児童，高齢者，心身障がい者等に分化されていた福祉行政の一元化を目指し，**コミュニティ単位での社会福祉の総合化**を目指した。また当時のイギリスでは，自治体主導の地域福祉運営が行われていたが，配食サービス等，一定の福祉サービス供給や市民によるアドボカシー活動においては，伝統的に**強力なボランタリーセクター**の活躍もあった。しかし1980年代に登場したサッチャー保守党政権以降，財政・税制において強力な集権化が行われるとともに，教育，住宅，福祉等の分野での市場化，民営化が進行し，コミュニティケアの様相も競争指向へと大きく変化した。

アメリカの例では，高齢者向け包括ケアプログラムである「**ペイス・プログラム**」（Program of All-Inclusive Care for the Elderly: PACE）をあげることができる。ペイス・プログラムでは，重度の介護を必要としナーシングホーム入所資格を有する要介護高齢者が，施設入所をせずに在宅生活を選んだ場合，同等の給付として，在宅での医療と介護がパッケージで提供される。プログラムは包括的で，在宅医療や在宅介護だけでなく，いざという時のナーシングホーム入所，緊急医療，手術も含んでおり，事業者へは定額報酬が支払われる。

ペイス・プログラムの起源は1970年代に遡るが，サンフランシスコ市内のオンロック（安楽）地区にあるNPOが始めた。オンロック地区は中国系アメリカ人が多く住む人口密集地域であり，このNPOが中心となり，介護を必要とする高齢の親たちが施設に入所せずに地域に住み続けられるよう，デイケアを中心とした在宅サービスを展開してきた。しかしアメリカでは営利ナーシングホームの影響力が強く，在宅生活を可能とする包括ケアの選択肢は全米的な広がりには至っていない。

2. 日本における地域包括支援のルーツと展開

(1) 日本における地域包括支援のルーツ

① 命を守るための協働

戦後の貧しい農村にみられた命を守るための協働は，日本における地域包括支援の一つのルーツと考えることができる。**岩手県沢内村**（現，西和賀町，人口3,600人）は特別豪雪地帯に指定され，冬の間は豪雪で村外に出られないほどの厳しい自然条件の村であった。1950年代の沢内村では乳児死亡率が高く，高齢者の自殺も多く，沢内村は県下で最も貧しい村の一つであったが，初期段階での医療の受診を奨励するため，国に先駆けて乳児医療費，老人医療費の無料化を実現し，乳児死亡率ゼロを達成した。**深澤晟雄村長**（当時）は生命と健康において，国家や自治体は格差なく，平等に，全住民に対し責任をもつべきと考えた。深澤村長と住民たちは「自分たちで自分たちの健康を守る」という理念を掲げ，村民の声を聞くための**座談会の開催**，**学習活動**，**広報活動を展開**しながら，**健康の増進，予防，健診，治療，社会復帰という一貫した地域包括医療体制**を築いた。

長野県佐久市（人口9.9万人）にある，**JA長野厚生連佐久総合病院**（以下，佐久病院）は，1944年に農業会（JA〔農業協同組合〕の前身）により開設された。1945年に赴任し，翌年に院長に就任した若月俊一の強いリーダーシップのもと，佐久病院は日本の保健医療の発展に数々の貢献をしてきた。その**地域包括医療体制は「東の沢内，西の佐久」**といわれるほどであった。現在は地域医療に重点を置く本院，分院，診療所，専門医療と急性期医療に特化した機能をもつ佐久医療センター（2013年開設）で構成されている。

②　予防・学び・協働による地域包括医療

佐久病院の実践を例に，地域福祉がこだわる地域包括支援の特徴を**予防，学び，協働**の３点にまとめる。

第１に**出張診療の地域展開**である（**ケアと予防**）。出張診療は主に農閑期に公民館を利用し，診察の他に，血圧測定，検尿，検便（虫卵検査）が中心に行われた。この程度の内容でも高血圧，脳卒中，寄生虫症の予防には有効で，出張診療では病気だけでなく，その人が住む環境や暮らしを見ながら，**専門職と患者による協働の医療**が行われてきた。

第２に**文化活動**である（**学びと教育**）。馴染みのなかった医療を少しでも住民に近づけようと，佐久病院は文化活動を展開した。医師や看護師らが医療や衛生に関する知識を盛り込んだ劇を上演し（写真11-１），わかりやすく**効果的な衛生教育，健康教育**を行った。この演劇活動は地域住民の間で一つの文化となり，住民たちが演劇を通じて診療所や保育所の設置の必要性を訴える等，地域福祉の基盤づくりにも貢献した。毎年５月に開催される「病院祭」は1947年に始まったが，地域のお祭りと

提供：JA 長野厚生連佐久総合病院

写真11-1　医師・看護師らによる，住民を対象にした衛生教育のための演劇

同じ日に行われ，１万人を超える来場者がある（詳細は放送教材で紹介します）。2020年に74回を迎えるはずだった病院祭は，新型コロナウイルス感染拡大防止のため，佐久病院の病院祭史上初めての延期となった。

第３に**全村健康管理活動**である（**参加と協働**）。1959年に長野県**八千穂村**（現，佐久穂町，人口1.1万人）で始まったこの活動は，冬の農閑期に全集落を巡回し，全村民の健康診断を行うもので，日本の健診システムのモデルになった。村民は配布された健康手帳に自分で健康日記をつけ，職業，食習慣，住環境，自分や家族の病歴や治療の経過を記入するという作業を通して，**健康管理の習慣**を身につける。村ではこの健康手帳をもとに健康台帳を作成し，村民の健康状態について生活環境を含めて総合的に捉えようとしてきた。

地域住民の衛生知識の向上と地域内の衛生環境の改善が必要と考えら

提供：JA 長野厚生連佐久総合病院

写真11-2　衛生指導員とともに，村と病院とによる担当者会議

れるようになったきっかけは，1950年代初頭に，八千穂村周辺で起きた赤痢の集団発生であった。村では各区で選ばれた８人の**衛生指導員**（現，地域健康づくり員）が，健康管理の学習会や「健康と福祉のつどい」の企画を行うようになった（写真11-２）。当時，若月院長は，住民から選ばれて地域で保健のために活動する衛生指導員を，**「保健活動家」**と呼び，その役割の大切さを説いた。健康は自分自身で守るものという意識が不可欠で，衛生指導員は医療や保健の初歩的な知識を身につけ，**地域住民と専門職の協働**において重要な役割を果たしてきた。

（２）「高齢者保健福祉推進10か年戦略」（1989）にみる包括ケアの考え方

高齢者介護において包括ケアの考え方が登場したのは，**「高齢者保健福祉推進10か年戦略」（通称：ゴールドプラン）**（1989年）といえる。ゴールドプランは日本で初めての数値目標を掲げた介護サービス基盤の整備計画であり，1999年までに全国でホームヘルパー10万人，デイサービスセンター１万か所の設置を目指した。また**中学校区単位に在宅介護支援センター**を設置し，住民の日常生活において身近なレベルに介護の相談窓口を配置することとなった。

ゴールドプランのもとで，各市町村は高齢者を対象とした生活実態調査を行い，**「老人保健福祉計画」**（1994）を策定した。3,400市町村（当時）には自治体ごとに介護サービスの整備目標を示すことと，その整備が求められた。**公立みつぎ総合病院**（当時は広島県御調（みつぎ）町，現在は尾道（おのみち）市）を中心に展開された在宅ケアシステムは，医療と介護の連携による早期退院を促し，医療を必要とする要介護者の在宅生活を可能にするもので，厚生省（当時）のモデル事業として全国的に注目された。

（３） 介護保険制度の「地域包括ケアシステム」

2000年に介護保険制度が始まるが，**「地域包括ケアシステム」**は2005年の介護保険法改正の頃から示された概念であり，「高齢者の尊厳の保持と自立生活の支援の目的のもとで，可能な限り住み慣れた地域で生活を継続できるような包括的な支援・サービス提供体制」を指す。**地域包括支援センター**にはその拠点機能を果たすことが期待される。図11-１は，政府が2025年までに目指す「地域包括ケアシステム」の姿である（2013年）。前提としての**「住まい」**を囲み，**「介護」「医療」**という専門サービスと，地域住民による**「生活支援・介護予防」**が相互に関係し，連携しながら，要介護高齢者の在宅生活を支えるという全体像を示している。

厚生労働省は「地域包括ケアシステム」には**「公助」**，**「共助」**，**「互助」**，**「自助」**があるとし，それぞれを次のように説明する。**「自助」**とは自分のことを自分ですることで，自らの健康管理や介護サービスの自費購入を含む。**「互助」**には当事者団体，高齢者による生きがい就労，

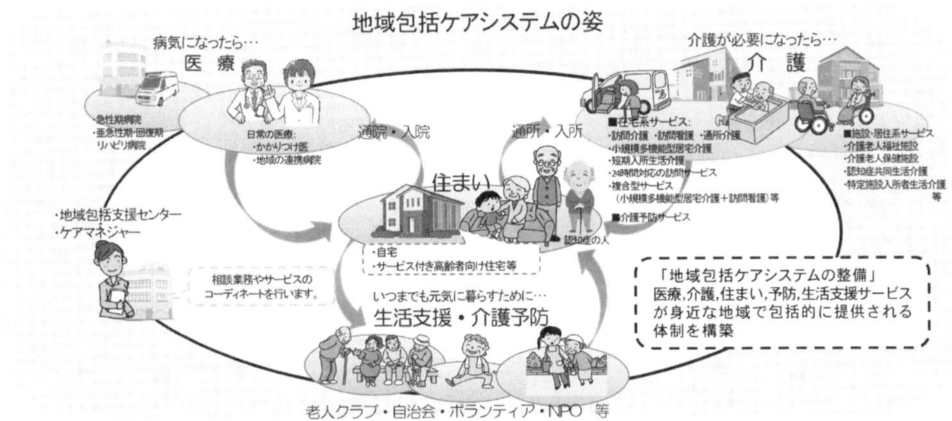

出所：厚生労働省（2021）

図11-1　厚生労働省が示す「地域包括ケアシステム」

ボランティア活動，住民組織による活動支えあいを意味する。**「共助」**は介護等のリスクを共有する仲間（被保険者）で負担を分かち合うしくみで，介護保険制度に代表される社会保険制度および介護サービスを指す。**「公助」**は税による公的負担を前提にした事業を指し，一般財源による高齢者福祉事業，生活保護，人権擁護および虐待対策が該当する。

「互助」と「共助」の違いがわかりにくい。「互助」と「共助」は相互に支え合うという点は共通するが，**「互助」は費用負担が裏づけられていない，自発的な助け合い**を指すと説明されている。特に図11-1で示されている生活支援・介護予防ではインフォーマルな支援も含めて，老人クラブからNPOまで多様な担い手の参加が期待されている。図にはかかりつけ医とケアマネジャーしか描かれていないが，これらの福祉資源を開発し，それらの連携の要となる福祉人材・専門職の役割も重要となる。

（4） 障がい者，子ども，生活困窮者の新制度でも「地域」と「包括」

障害者総合支援法（2013）は法律の理念として，「社会参加の機会の確保」，「どこで誰と生活するかについての選択の機会が確保され，地域社会において他の人々と共生することを妨げられないこと」，「社会的障壁の除去」を掲げており，**障害福祉計画**の策定を各自治体に義務づけ，障がいのある人たちを対象とした地域包括支援を目指している（詳細は13章）。

子ども・子育て支援新制度（2015）では，市町村は地域の子育て家庭の状況や，子育て支援へのニーズをしっかり把握し，５年を計画期間とする**子ども・子育て支援事業計画**を策定することとなった。地域の子育て支援の充実においては，利用者支援専門員を配置し，地域子育て支援拠点，ファミリー・サポート・センター，放課後児童クラブ，障害児相談支援事業所等，地域におけるさまざまなサービスの連携を図り，子育て家族の包括的支援を目指している（詳細は10章）。

生活困窮者自立支援制度（2015）は，生活保護に至っていない生活困窮者に対する**「第二のセーフティネット」**を全国的に拡充し，包括的な支援体系の構築を求めている（詳細は15章）。生活困窮者の課題は多様で複合的であるため，「制度の狭間（はざま）」に陥らないよう，就労，心身，家計，家族等の多様な問題に包括的に対応することが必要となる。さらに生活困窮者が社会とのつながりを実感できるよう，地域社会の役割も期待されている。

障がい者，児童，生活困窮者を対象とする新たな法律や制度もそれぞれが，地域単位での包括的支援を目指している。しかし日本では地域包括支援というと介護保険制度を基盤とする高齢者介護が中心となりがちであり，また制度の縦割りが，各施策の連携と地域包括支援の実施を困難にしている現状がある。

（5） 改正社会福祉法と「地域共生社会の実現に向けた包括的支援体制」

2017年の社会福祉法改正に伴い，政府は「**地域共生社会**の実現に向けた包括的支援体制」という新たな政策を掲げた。この政策では介護保険制度による高齢者を対象にした「地域包括ケアシステム」の理念を普遍化し，障がい者，子ども，生活上の困難を抱える人たちにまで広げて，**包括的な支援体制**を構築し，**切れ目ない支援**を目指すとしている。

複合化し，複雑化した課題を抱える人々に必要な支援を行うため，地域子育て支援拠点（児童福祉法），地域包括支援センター（介護保険法），障害者相談支援事業所（障害者総合支援法）など，福祉の各分野別に設置されている相談事業者が相談を通じて生活課題を把握した場合は，**分野を超えて適切な機関につなぐことを努力義務**とした（社会福祉法第106条の２）。

また地域住民が自ら暮らす地域の課題を「我が事」として捉えられるような地域づくりの取り組み，さまざまな相談を「丸ごと」受け止める場の整備，相談機関の協働，ネットワーク体制の整備により，**包括的な支援体制を整備することを市町村の努力義務**とした（同法第106条の３）。

3. 地域福祉の視点からみる地域包括支援
―南医療生活協同組合（名古屋市）の取り組み

（1） 南医療生活協同組合の概要

南医療生活協同組合（略称：南医療生協）は“**医療と介護の協同組合**”（協同組合についての詳細は14章）として，総合病院南生協病院（名古屋市緑区）（写真11-３）を核に医療と介護事業と地域福祉活動を展開している。そのルーツは，1959年に**伊勢湾台風**で約5,000人の命が失われた地域に住民の出資でできた診療所に遡る。

写真11-３　JR 東海道線南大高駅からみた総合病院南生協病院と多世代交流施設「南生協よってって横丁」(名古屋市)

南医療生協では病院，診療所，訪問看護，訪問介護，グループホーム，小規模多機能ホーム，助産所，多世代共生住宅等66事業を，名古屋市南区・緑区，東海市，知多市を中心に運営している（2021年現在）（図11-２）。中心となる総合病院南生協病院は26診療科目と313床の入院施設をもち，１階にはカフェ，購買生協と大学生協が共同経営するコンビニ，自然酵母と無添加の素材にこだわるベーカリーがあり，２階にはフィットネスクラブもある。１階フロアは駅と住宅地をつなぐ通り道になっていて，地域の人たちが病院内を普通に通行している。学校帰りの子どもがソファでおしゃべりや卓球をして遊ぶ光景もある。このように診療以外の目的で病院にやってくる人も多く，地域社会の日常の中の病院である。170室の個室があり，多床室（定員４人）でも，各ベッド脇に窓があり，利用者に配慮した設計となっている。緩和ケア病棟（個室20室)，６か月から小学校３年生までの子どもが利用できる病児保育室や助産所も併設している。建物やサービスの１つ１つに利用者と地域住民のアイデアが盛り込まれている。

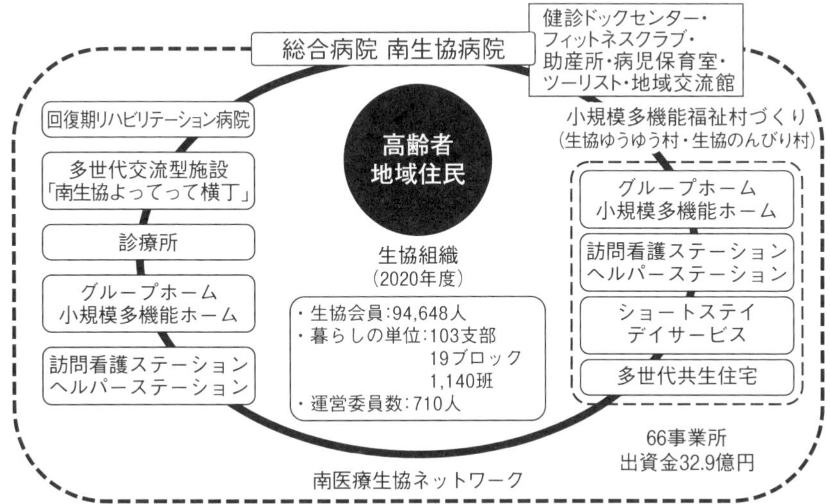

出所：株式会社日本総合研究所（2014）の図を引用し，最新データを加筆

図11-2　南医療生協の事業と地域ネットワーク

（2）　住民参加―地域住民による専門職集めと介護事業所づくり

この病院をユニークたらしめた背景には数千人の地域住民の声がある。病院の移転新築（2010年）にあたり，毎月1回，約4年間で合計45回もの会議が開かれ，毎回100人以上の参加者があった。延べ5,400人の参加があったので，この会議は「**千人会議**」（新南生協病院建設推進会議）と呼ばれているが，利用者としての地域住民と医療や介護の専門職による徹底した議論が，快適で質の高い医療空間・介護空間を生み出した。

「**みなせん運動**」（みんなで1,000人職員紹介運動）は**専門職をリクルートする活動**で，医師，看護師，介護職員の人材確保のために，近所や知り合いの有資格者を徹底して紹介しあう。医療や介護分野の人手不足は深刻であるが，人材派遣業者を超えて質の高い情報が集まり，地域から紹介された人材は定着率も高い。

提供：南医療生活協同組合

写真11-4　「千人会議」で住民が議論する

「いちぶいっかい運動」（1ブロック1介護福祉事業づくり運動）は**介護サービス拠点づくりの活動**である。「ブロック」と呼ばれる地域ごとに，自分たちで介護サービスを立ち上げようという活動で，1）自分たちが暮らすまちにはどんな介護サービスが必要か，2）必要な土地は確保できるか，3）必要な建設資金は集められるか，4）事業を支える住民を集められるか，等をみんなで検討し，計画し，実現させる。

南医療生協では，医療事業は医療保険制度，介護事業は介護保険制度のもとで行われるが，新たな事業を始めるときは**資金づくり**も自分たちで行う。南生協病院（2010年移転新築）総工費約100億円のうち約20億円，多世代交流型施設「南生協よってって横丁」（2015年新築）総工費約27億円のうち約4億円が**地域住民の出資**である。南生協病院では診療受付の近くに，出資や増資の窓口があるので，いつでも地域住民による出資や増資が可能であり，また毎月の地域活動で世話人が出資や増資を受け付けることもある。退会時には全額返金されるので，入院費や介護費用の支出に備えた積み立てとして出資に参加する人もいる。

（3）地域住民と専門職の協働―地域で，高齢者の生活を支える

南医療生協では**「おたがいさまシート」**（2011年から「ささえあいシート」の名称で開始）の取り組みを行っている。特に高齢者は退院するとき，これからの在宅生活に不安を覚えることが多い。病院側では患者の不安を察知した時，地域住民に何かよい支援のアイデアがないかを尋ねる。**医療や介護現場と地域住民，また地域住民同士を相互に結ぶ**のが，「おたがいさまシート」である。

シートは医療や介護現場または地域支部，最近では，町内会や民生児童委員，また行政の福祉課や地域包括支援センター，他の病院の相談室や他の事業所のケアマネジャーから，南生協病院内の**「地域ささえあいセンター」**に送られ，内容が確認されてから，その支援対象者が住む地域の南医療生協支部に送られる。支部ではその人のために何ができるかを考え，「地域ささえあいセンター」を通じて，医療や介護現場に提案したり，地域支部が直接，町内会や民生・児童委員また行政担当者や他の事業者に相談することもある。

南生協病院に通院する，ある一人暮らしの女性（83歳）が孤独死を心配していた。近所づきあいもないという。その不安を聞いた病院職員が「おたがいさまシート」を送った。これがきっかけで，近隣の人たちから，この女性に声がかかるようになり，この女性の不安は軽減された。この活動を支えるのは，暮らしの単位となる103の支部であり，複数の支部をまとめる19のブロックである（図11-2）。また，「おたがいさま運動」を広げていくには，日常的に支え合い，助け合いのできる**班活動**が重要と考えられている。**「班」**とは少人数で構成される地域だんらんの単位であり，地域内に1,140班あり（図11-2），各班は健康づくりや趣味の活動を行いながら，地域のつながりづくりに貢献している。

「おたがいさまシート」の取り組みは当初，プライバシーや課題解決

力への不安があったが，2017年９月末で1,000件を超え，またコロナ禍の2020年度でも利用は確実に増えている。活動をさらに広げようと計画づくりやサポーター講座開催などの取り組みがなされている（詳細は放送教材で紹介します）。

（4） 2020年春の新型コロナウイルス感染拡大による緊急事態宣言下で—「正しく恐れる」ことを学び，できることから始める

2020年２月には新型コロナウイルスの感染拡大でマスク不足が全国で深刻化した。「おたがいさまシート」を介し，南医療生協で働く介護職員から「マスクが欲しい，使い捨てマスクを１週間も使っている」という悲痛な訴えが届いた。名南ブロックの人たちは**マスクを手づくり**し，依頼者や地域の介護従事者に届けたが，同時に「地域の高齢者も困って

提供：南医療生活協同組合

写真11-5　地域の高齢者のため，介護従事者のため，マスクをつくる

いるはず」と考え，本格的なマスクづくりを始めた（写真11-5）。2か月で約800枚のマスクを作り，それを持って高齢者宅を訪問し，困りごとや不安を聞いた。マスクづくりとその配布を通じて，コロナ禍でも介護職員，地域住民同士はつながっていた。

また南医療生協の班の一つに「**男塾**（おとこじゅく）」がある。男塾には定年退職した男性が集うが，理容師，庭師，大工，電気配線工等の技術者がいて，日頃から「おたがいさまシート」を介して，**庭木の剪定**（せんてい），**粗大ごみの処理，買い物支援**等の活動を行っている。緊急事態宣言が解除された後，男塾では**「公園班会」**と称し，公園で集まることを始めた（写真11-6）。病院から専門職を自宅に招き，少人数で学習会を開き，「感染しない，感染させない」方策を学び，屋外での庭仕事やフェースシールドを使っての散髪ボランティアも開始した。

コロナ禍にもかかわらず，「おたがいさまシート」による依頼件数は

提供：南医療生活協同組合

写真11-6　コロナ禍で公園班会に集う「男塾」の皆さん

前年度より増加した。医療や介護サービス利用者の状況は医療機関や介護事業所が把握しているが，**一般の高齢者の生活状況がわかるのは**行政や事業者ではなく，**地域住民同士**であった。

（5） すべての住民を対象とする包括性―生活困窮者，外国籍の住民も

南医療生協の事業と活動は高齢者だけを対象にするのではなく，子ども，家族，在住外国人に至るまで，**すべての地域住民を対象**としている。多世代交流型施設「南生協よってって横丁」にはサービス付き高齢者向け住宅が78室，小規模多機能ホーム，認知症対応グループホーム，在宅療養支援診療所，各種在宅サービスのステーションがある。また地域住民や学生たちが利用できる「自習室」，子育て親子が利用できるスペースもあり，講座や行事などが行われる。さらに生活困窮者の相談活動も行っており，在住外国人が多い地域で健康相談，生活相談も行っている。

南医療生協の地域包括支援は，**制度で区切らない，胎児から終末期までの包括的なケア提供体制**を目指している。またその体制は医療と介護の専門職と地域住民の協働によりつくられ，地域住民の主体性と参加が基盤となっている。「地域共生社会」が議論されるなかで，南医療生協の活動は在住外国人にも広がり，排除しない社会づくりの挑戦が続いている。（南医療生活協同組合は2019年に，日本地域福祉学会による「第16回地域福祉優秀実践賞」を受賞している。）

地域包括支援の基盤は暮らしを支え合い，お互いの命と尊厳を守るための協働にある。南医療生協をはじめ，全国の先進事例をみると，**「重層的な圏域設定のイメージ」**（1章 図1－3）にみる1層（自治会・町内会の組・班の圏域），つまり小地域の活動が活発という共通点がある。また地域福祉が目指す地域包括支援では，住民の参加と学び，住民と専門職の協働があり，子どもから高齢者まで，すべての住民を対象とする

社会的包摂にこだわりたい。

◎学習課題◎

1．包括ケアと地域包括支援の違いを考えてみよう。
2．日本にみる地域包括支援のルーツを整理してみよう。
3．南医療生活協同組合の活動にみる住民参加の例をまとめてみよう。
4．地域福祉の視点からみた地域包括支援の必要条件を考えてみよう。

参考文献

・JA 長野厚生連佐久総合病院（2011）『健康な地域づくりに向けて：八千穂村全村健康管理の五十年』
・菊池武雄（1968）『自分たちで命を守った村』岩波新書
・小池征人監督（2013）『映画「だんらんにっぽん―愛知・南医療生協の奇跡」DVD 版』CNJ
・西村一郎（2011）『協同っていいかも？―南医療生協いのち輝くまちづくり50年』合同出版
・岡澤憲芙・斉藤弥生編（2016）『スウェーデン・モデル：グローバリゼーション・揺らぎ・挑戦』彩流社
・大野京子（2015）「南医療生協の組合員活動：市民の協同でつくり事業所づくりまちづくり」公益財団法人生協総合研究所編『生活協同組合研究』Vol.477
・斉藤弥生「第４章「病」とコミュニティ―超高齢社会を支える包括ケアという新たな挑戦」山中浩司・石倉文信『シリーズ人間科学５　病む』大阪大学出版会
・若月俊一（1971）『村で病気とたたかう』岩波新書

参考資料

・JA 長野厚生連佐久総合病院資料
・株式会社日本総合研究所（2014）「事例を通じて，我がまちの地域包括ケアを考えよう『地域包括ケアシステム』事例集成～できること探しの素材集～」
・厚生労働省ホームページ「地域包括ケアシステム」https://www.mhlw.go.jp/stf/seisakunitsuite/bunya/hukushi_kaigo/kaigo_koureisha/chiiki-houkatsu/（2021年6月11日アクセス）
・南医療生活協同組合資料

12　地域福祉計画と地域福祉活動計画
―地域住民と行政の協働のかたち

佐藤桃子・斉藤弥生

《本章のポイント》 社会福祉法に基づく法定計画である「地域福祉計画」と社会福祉協議会が策定する住民主体の活動計画として発展してきた「地域福祉活動計画」に焦点をあて，先進的な取り組みをもとに，計画策定の意義や計画策定による効果を明らかにし，その課題と可能性を探る。

《キーワード》 地域福祉計画，地域福祉活動計画，市町村，社会福祉協議会（社協），住民参加，小地域，公民パートナーシップ

1．「地域福祉計画」と「地域福祉活動計画」

（1）　法定計画としての「地域福祉計画」

日本の社会福祉制度は社会福祉事業法（1951）によって大枠が定められて以降，約半世紀の間，大きな改革はなかった。1990年代後半に社会福祉基礎構造改革が進められる中で，社会福祉事業法を改正し改称した社会福祉法（2000）では，**「地域福祉の推進」**を図り，社会福祉の増進に資することが社会福祉法の重要な目的の一つとされ，**市町村地域福祉計画（107条）**と**都道府県地域福祉支援計画（108条）**の策定が初めて法律で規定された。

2018年４月に施行された改正社会福祉法では，それまで任意とされていた市町村地域福祉計画（107条），都道府県地域福祉計画（108条）の策定が**努力義務**とされた（図12-１）。さらに，地域福祉計画は「地域に

（市町村地域福祉計画）
第107条　市町村は，地域福祉の推進に関する事項として次に掲げる事項を一体的に定める計画**（以下「市町村地域福祉計画」という。）を策定するよう努める**ものとする。
一　**地域における高齢者の福祉，障害者の福祉，児童の福祉その他の福祉に関し，共通して取り組む**べき事項
二　地域における福祉サービスの適切な利用の推進に関する事項
三　地域における社会福祉を目的とする事業の健全な発達に関する事項
四　地域福祉に関する活動への住民の参加の促進に関する事項
五　前条第一項各号に掲げる事業を実施する場合には，同項各号に掲げる事業に関する事項
2　市町村は，市町村地域福祉計画を策定し，又は変更しようとするときは，あらかじめ，**地域住民等の意見を反映させるよう努める**とともに，その内容を公表するよう努めるものとする。
3　市町村は，定期的に，その策定した市町村地域福祉計画について，**調査，分析及び評価を行うよう努める**とともに，必要があると認めるときは，当該市町村地域福祉計画を変更するものとする。
（太字は著者による。）

図12-1　社会福祉法第107条（市町村地域福祉計画に関する規定）

おける高齢者の福祉，障害者の福祉，児童の福祉その他の福祉の各分野における共通的な事項」を記載する，いわゆる**「上位計画」**として位置づけられることになった。小地域単位の住民による地区地域福祉活動計画（後述），民間組織や団体の地域福祉活動計画，高齢者，障がい者，子どもを対象とした部門別の行政計画など，**関連計画とのつながりを重視**し（107条1項），地域住民等の意見を反映させること（107条2項），また**PDCAサイクル**（Plan〔計画〕Do〔実行〕Check〔評価〕Action〔改善に向けた行動〕）の必要性が強調されている（107条3項）。

（2）社協による「地域福祉活動計画」：民間計画のはじまり

社会福祉法で地域福祉計画の策定が規定される前から，多くの**市町村社会福祉協議会**（以下，**市町村社協**）では，**「地域福祉活動計画」**を策定してきた。全国社会福祉協議会（以下，全社協）は，「地域福祉活動計画策定指針」(2003）において，地域福祉活動計画を「社会福祉協議会が呼びかけて，住民，地域において社会福祉に関する活動を行う者，社会福祉を目的とする事業（福祉サービス）を経営する者が相互協力して策定する地域福祉の推進を目的とした**民間の活動・行動計画**」と定義し，行政計画ではなく民間の活動計画であることとその意義を強調している。全国で約７割の市町村社協が地域福祉活動計画を策定している。

例えば兵庫県社会福祉協議会は，1970年代初頭から，県内の市町村社協に対して「社協発展計画」を立てるよう働きかけてきたが，これは今日の地域福祉活動計画の先駆けとなった。社会福祉事業法改正（1983）で市町村社協の設置が規定されたことを機に，兵庫県内の市町村社協では地域福祉活動計画づくりが広まっていった。

地域福祉活動計画とその策定過程には，民間計画だからこそ設定できる目的と期待できる効果がある。第１に**学習**であり，計画づくりを通じて，住民が自ら地域で解決すべき地域福祉の課題を認識し，その課題解決を自ら考えるきっかけづくりになる。第２に**情報共有**であり，計画策定の作業を通して地域課題や地域福祉実践についての情報をステークホルダー（関係者）間で共有することができる。第３に**組織づくり**，**関係づくり**，**仲間づくり**であり，協力を幅広く集めるためのネットワークづくりが行われ，ステークホルダー間の協働関係を構築できる。地域福祉活動計画では，計画に描かれた文言以上に，計画づくりの過程が重要な意味をもつ。民間の活動計画には行政が介入しない方が住民の主体性を出せることも多く，住民や民間組織が集まる市町村社協がその策定を担ってきた。

（３） 市町村による「地域福祉計画」：行政計画の法制化

それではなぜ，行政計画としての地域福祉計画が必要とされたのか。地方分権が進められる中で，中央集権型の福祉政策から，住民に最も近い自治体が福祉行政を担っていくことが望ましいという考えが浸透してきた。

社会福祉関係８法改正を機に，老人保健福祉計画，障害者計画（ノーマライゼーション・プラン），児童育成計画（エンゼル・プラン）など，自治体による福祉における部門計画の策定が始まった。全社協は市町村が策定するものを「地域福祉計画」，住民による活動や実践を計画したものを**「地域福祉活動計画」**と整理し，全国の市町村に活動計画づくりを呼びかけた結果，2000年には約半数の市区町村社会福祉協議会で地域福祉活動計画を策定していた。

社会福祉法（2000）で初めて，自治体ごとの地域福祉計画の策定が法的に位置づけられた。その流れの中で，全社協は，地域福祉計画と地域福祉活動計画の関係について，地域福祉の推進を目的として，互いに補完・補強しあう関係にあると整理した。また地域福祉活動計画づくりを進めることが，市町村の地域福祉計画の策定に大きな役割を果たすとし，その重要性を再確認している。歴史的にみると，全国各地の社会福祉協議会が地道に行ってきた地域福祉活動計画づくりが，**2000年の地域福祉計画の法制化**につながったとみることができる。

中央社会福祉審議会（1998）は地域福祉計画の必要性について，「現在，老人，障害者，児童といった対象者ごとに策定されている計画を統合し，都道府県及び市町村のそれぞれを主体とし，当事者である住民が参加して策定される地域福祉計画を導入する必要がある」としており，地域福祉計画は当初，対象者別になっている**福祉計画の総合化**を目指していたとも考えられる。

(4) 両計画の連携が求められる理由

地域福祉計画は行政計画であるが，その策定過程において，**地域住民**等（法律上は地域住民，社会福祉を目的とする事業を経営する者及び社会福祉に関する活動を行う者）の意見を反映させることが必要とされている。そのため，**内容を一部共有**したり，**策定過程を共有**する等，行政計画としての地域福祉計画と民間の計画としての地域福祉活動計画が相互に連携した計画も多い。近年は**両計画を一体的に策定**することが増えている。全社協の調査（2018）では，地域福祉計画と地域福祉活動計画の策定方法について，「一体的に策定している」社協が45.4%，「一体的ではないが，計画期間及び計画内容を合わせている」社協が28.2%，「それぞれ別に策定している」社協が25.9%であった。

図12-2は全社協が示す「地域福祉計画と地域福祉活動計画の関係」

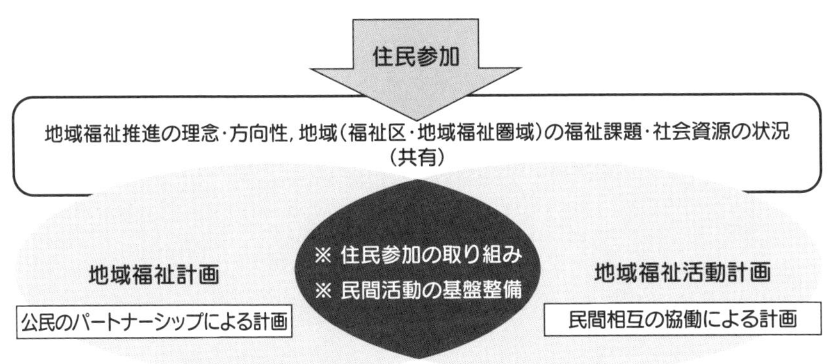

出所：全国社会福祉協議会地域福祉部（2000）

図12-2　地域福祉計画（行政）と地域福祉活動計画（社協）の関係

である。市町村地域福祉計画は公民パートナーシップをどう築くかを検討する計画であり，地域福祉活動計画は民間相互の協働のあり方を検討する計画である。

地域福祉活動計画は民間の計画であるが，行政計画である地域福祉計画と連携することで，優れた地域福祉実践が事業化され，活動を拡大し，安定的な継続を可能にすることにも期待できる。行政計画も民間の活動計画と連携することで，地域住民との協働が実現できる。

（5） 策定過程への住民参加は必須条件

地域福祉計画策定の過程には地域住民，社会福祉事業者などの意見を反映させるために必要な措置を講じなければならず（社会福祉法107条２項），計画策定の過程が重要となる。

地域福祉計画の計画策定では，まず**住民懇談会**や**アンケート調査**などを通じて地域の生活課題に気づくことから始まる。住民懇談会では，住民がお互いに地域生活の中から困りごとを見つけ合い，話し合いを通じて課題を共有する。懇談会に参加していない住民のために，また多くの住民が感じている生活課題の現状や動向を総合的に把握するためにアンケート調査も行われる。**ワークショップ**（写真12-１）を行い，地域の課題についての**学習会**や**意見交換**を行うこともある。

また，多くの行政計画の策定過程で**パブリックコメント**（意見公募手続／意見提出制度）が取り入れられているが，これはその計画が実施されることにより影響が及ぶ住民の意見を事前に徴収し，よりよい計画にしようとする取り組みである。地域福祉計画でもパブリックコメントが行われる。

提供：松江市社会福祉協議会

写真12-1　第5次松江市地域福祉計画・地域福祉活動計画策定のための市民ワークショップ

2．地域福祉計画の策定と手法 ―松江市（島根県）の取り組みから

松江市（人口約20万人）は，2020年3月に**「第5次松江市地域福祉計画・地域福祉活動計画」**（2020年4月～2025年3月）を完成させた。松江市の地域福祉計画は2004年に策定された第1次地域福祉計画から始まり，その頃の基本理念を引き継いで**住民参加，共創・協働の視点**を重視した計画策定が行われてきた。松江市の計画の大きな特徴は，法定計画としての地域福祉計画と民間による地域福祉活動計画を**公民協働で一体的に策定**しているところである。松江市の計画は全国に先駆けているだけでなく，その策定方法には示唆に富んだ特徴がある。松江市の取り組みをみながら，地域福祉計画の策定の手法とその意味を考えてみたい。

（1） 松江市の地域福祉の基盤と特徴
—小地域単位でつくる地区計画づくりの基盤

松江市は松江駅，県庁，市役所，島根大学のある都市部と日本海，宍道湖，中海に面する地域，自然に恵まれた中山間地と，さまざまな特徴の地域が含まれている。

松江市では地域福祉のエリアとして4つの圏域を設定し，**日常生活圏域**として設定される2層には，**地域包括支援センター**が配置されている（図12-3）。第5次地域福祉計画では，新たに「**ふくしなんでも相談所**」の設置を中心とした**総合相談機能**を盛り込んだ。これは2018年の法改正で地域福祉計画に含むことが求められた「包括的な支援体制の整備

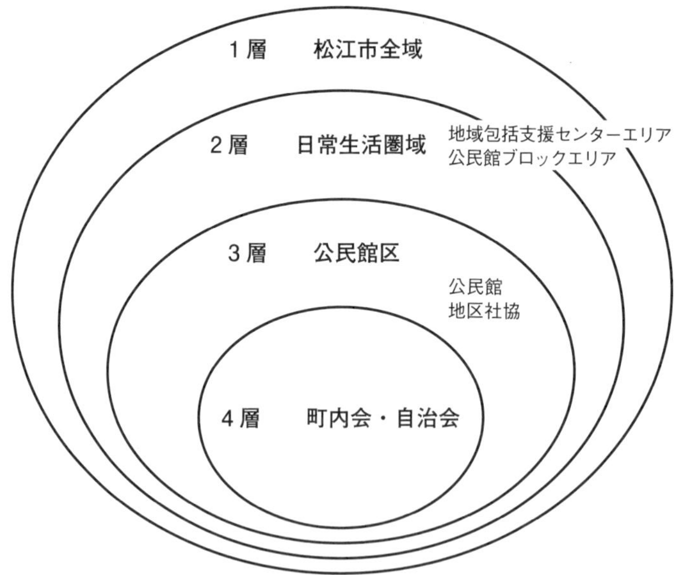

出所：松江市社会福祉協議会資料

図12-3　松江市の地域福祉エリア

に係る事業に関する事項」に対応するものとなっている。

3層は市内に29か所ある公民館区とほぼ重なっており，**地区社会福祉協議会**（以下，**地区社協**）が中心となって積極的に行われる地域福祉活動は，それぞれの地区の公民館活動を基盤としている（図12-4）。

松江市の地域福祉計画づくりの最大の特徴は，この市内29地区社協（3層）で策定される**地区地域福祉活動計画**の存在にある。全社協の「社会福祉協議会活動実態調査等報告書」(2018）によると，小地域福祉活動計画（「地域福祉推進基礎組織」等が中心となって一定の圏域ごとに策定する福祉活動計画）の策定を行っている社協は全体の18.7%（283社協）である。松江市地域福祉計画・地域福祉活動計画の策定過程において，松江市地区社協会長会は全29区の計画を取りまとめ，計画策定委員会の役割も兼ねる松江市社会福祉審議会に提言書を提出している（後述)。

松江市の公民館活動は，社会教育の分野でも全国的に注目されている。松江市では，公民館を社会教育や生涯学習だけでなく，子どもの健全育成，環境問題，高齢者福祉，乳幼児問題などのさまざまな地域課題について学習し，できることを実践し，住みよい地域づくりを行う場所として位置づけている。松江市公民館館長会元会長の福間敬明氏は「**公民館活動はもともと『地域福祉』を内包している**」と述べている。

松江市では，厳しい財政再建が迫られた1960年代後半から1970年代初頭にかけて，公民館の運営改革を行い，公民館の設置や費用負担は行政が責任をもち，運営は地域の社会教育団体である地区公民館運営協議会に委託するという，公民館の**公設自主運営方式**を導入した。各公民館は社会教育や生涯学習に取り組む一方で，地区社協の事務局も兼ねてきた。

このような歴史を背景に，松江市では地域に暮らす人々がすべてを行

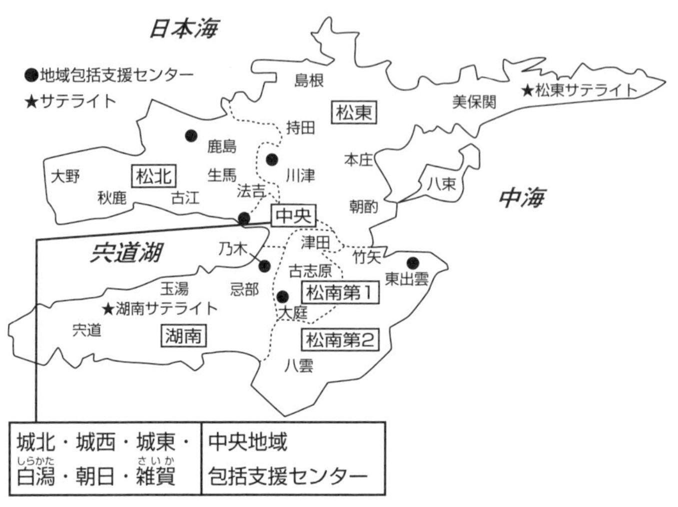

29の公民館区（地区社協）：3層	日常生活圏域・ 担当の地域包括支援センター：2層
城北・城西・城東・白潟（しらかた）・朝日・雑賀（さいか）	中央地域包括支援センター
川津・朝酌（あさくみ）・持田・本庄・ 島根・美保関（みほのせき）・八束	松東地域包括支援センター
	松東地域包括支援センター サテライト
法吉（ほっき）・生馬（いくま）・古江・秋鹿（あいか）・ 大野・鹿島	松北地域包括支援センター
津田・大庭（おおば）・古志原（こしばら）	松南第1地域包括支援センター
竹矢（ちくや）・八雲（やくも）・東出雲	松南第2地域包括支援センター
乃木・忌部（いんべ）・玉湯・宍道（しんじ）	湖南地域包括支援センター
	湖南地域包括支援センター サテライト

出所：松江市社会福祉協議会資料

図12-4　松江市（島根県）の29公民館区（＝地区社協区・3層）と日常生活圏域（2層）

政に依存するのではなく，必要な活動費用を自ら負担し，地域の課題に積極的に関わってきた。「早い時期から**公民館運営に参加・参画する意識づくり**が育まれていた」と，第１次地域福祉計画の策定に携わった須田敬一氏（策定当時，松江市社会福祉協議会地域福祉課長）は述べている。

1988年に行政と市社協の補助事業として，市内すべての地区社協で福祉協力員の設置や配食・会食サービスなど，地域の人々が参加できる活動を開始し，その後も組織化が進み，現在の地区社協の地域福祉活動に続いている。松江市の地域福祉の特徴は，社会教育・生涯学習による「学び」と地域福祉活動による「実践」の融合といえる。

以下では，松江市の地域福祉計画の特徴を述べる。

①　分野別計画の上位計画であること

図12-５は松江市地域福祉計画の位置づけを示している。松江市地域福祉計画は，松江市総合計画の下位計画とされ，「松江市子ども・子育て支援事業計画」，「松江市高齢者福祉計画・介護保険事業計画」，「松江市障がい者基本計画」，「松江市障がい福祉計画・松江市障がい児福祉計画」，「健康まつえ21基本計画」の上位計画として位置づけられている。松江市では，地域福祉計画を他の分野別福祉の計画の上位計画と位置づけるやり方が，第４次計画から引き継がれている。高齢者，障がい者，児童の対象者別サービスに共通する「住民参加・当事者参加」「利用者の権利擁護」といった理念と取り組むべき事項を，地域福祉計画にも盛り込む構造である。

また29か所の公民館区単位（＝地区社協区）で策定される地区地域福祉活動計画とも連携を図っている。

②　住民参加の手法：29の地区社協による活動計画

先述のとおり，地区社協による地区地域福祉活動計画と地域福祉計

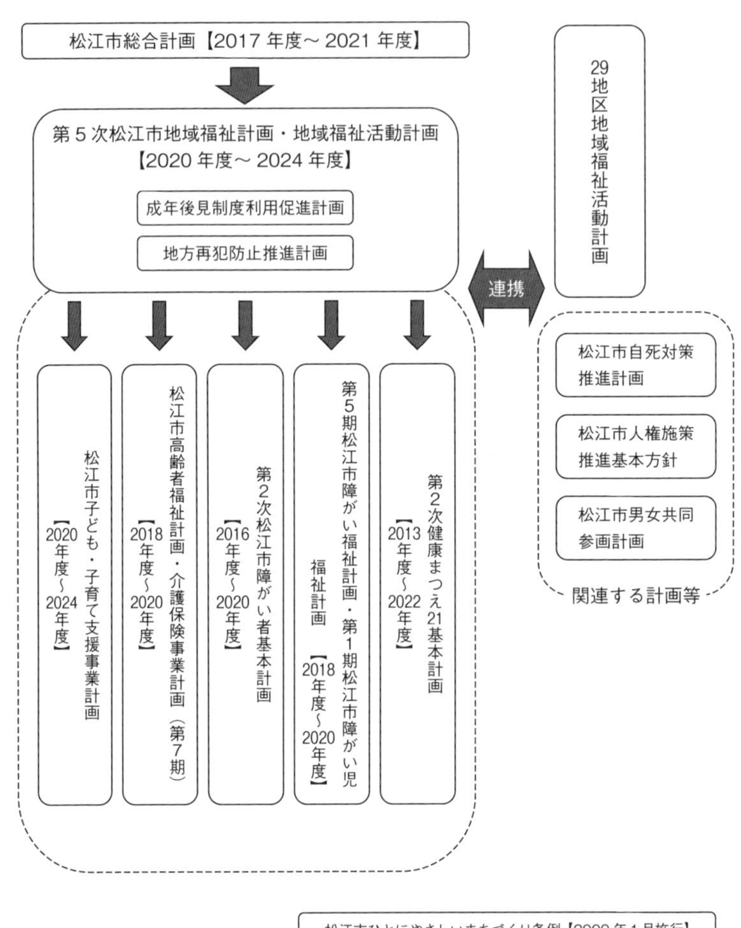

（注）計画中の和暦の表記はすべて西暦に読み替えて記載している。
出所：第5次松江市地域福祉計画・地域福祉活動計画

図12-5 「第5次松江市地域福祉計画・地域福祉活動計画」と他計画の関係

画・地域福祉活動計画の相互の連携は松江市の計画の特徴である。松江市では，地区社協の事務局は**公民館**に置かれている。松江市における公民館区の人口規模は平均約7,000人で，最小約1,300人，最大約１万6,000人の規模である。1,300人の少ない人口の地区でも計画づくりを行うことができる背景には公民館の組織体制がある。公民館には，市教育委員会が任命する公民館長（非常勤特別職）と複数名の専従職員（公民館運営協議会による雇用）が勤務している。意思決定機関は**公民館運営協議会**であり，地区社協，自治会，地域内の各種団体の代表者（老人クラブなど）で構成される。そのもとで文化部，環境部，女性部，青少年部などの専門部会が置かれ，地域活動が行われる。

松江市では各公民館運営協議会が各公民館の指定管理者（公的施設の管理の委託を受けた者）となり，市から指定管理委託料を受けて各公民館を運営している。さらに公民館も地区社協も活動費用として**独自財源**をもつ。住民は公民館費（１世帯当たり年額350～2,500円で公民館区により異なる）を払っており，さらに住民は自治会費，地区社協会費，子ども会費，老人会費などそれぞれの活動の費用を負担している。公民館の事業は老人会や婦人会などと共同で実施することができ，予算執行の面でも効率的で，事業面でも内容を充実させることができる。

松江市の第５次地域福祉計画策定に先行して，2018年度に29地区ごとの第５次地区地域福祉活動計画（地区活動計画）が策定された。29地区の地区活動計画から見えてくるそれぞれの地区の課題について，第５次松江市地域福祉計画・地域福祉活動計画に反映させることがねらいである。この地区活動計画に基づき，地区社協会長会は松江市長・松江市社会福祉協議会会長に８つの提言を提出している。

８つの提言とは１）地域共生社会の実現に向けた総合相談体制づくりについて，２)つながりの再構築について，３)健康寿命延伸への取り組みについて，4）住民活動ができる環境整備について，5）移動手段の確保について，6）地域活動を担う人材の確保と育成について，7）子育て環境の孤立について，8）障がい児・者，生活困窮者等への支援について，となっており，それぞれの地区で住民へのアンケートや**地区策定委員会**での議論を経て作られた地区活動計画の内容を反映した提言となっている。

この提言を受けて，第５次松江市地域福祉計画の中には公民館・地区社協の事業推進や人材確保などの内容が盛り込まれている。

③　地区地域福祉活動計画の実践例（美保関（みほのせき）地区）

29地区の地区地域福祉活動計画からまとめられた提言の中でも特に，５）移動手段の確保について，６）地域活動を担う人材の確保と育成について，８）障がい児・者，生活困窮者への支援について，等は，地区社協での活動と深く関わっている。

例えば移動手段の確保については，松江市内には公共交通機関の利用が不便な上にタクシーの予約も取りづらく，買い物や受診など日常生活を円滑に行うことが難しい地域がある。松江市への提言の中では，「コミュニティバスの利用促進及び新たな交通施策の検討が必要」とされている。しかし，行政の整備を待つだけでなく，いくつかの地区ではボランティア活動による**移送サービス事業**やコミュニティバスを活用した事業を始める動きがあった。社会福祉法人の地域貢献事業として，法人の車を移送支援サービスに利用する取り組みも始まっている。ここでは，住民主体の移送支援サービスを始めた美保関地区を例としてあげる。

松江市松東（しょうとう）エリアの美保関地区はもともと漁業観光集落で，東西20キロメートルの細長い半島地形の中に22集落が点在する地域である。全年齢人口は4,910人，世帯数2,134世帯で，高齢化率は45.54％と29地区の

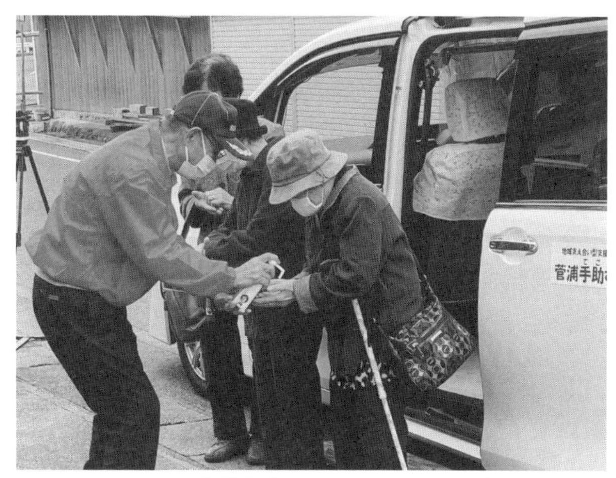

写真12-2　松江市美保関地区の移送支援（菅浦手助すー隊）

中で最も高い（2020年３月）。高齢者の割合は年々増加し，独居など高齢者のみの世帯が増加している。美保関地区の第５次地区地域福祉活動計画では，地域の高齢化を意識した重点目標として「見守り活動の継続と充実」「ボランティア活動の推進」が設定されている。

住民から寄せられた意見の中に「買い物や通院に不便を感じている」というものが多く，移動手段の確保は住民にとって切実な悩みとなっていた。そこで2020年から始まったのが，菅浦地区の自治会が中心となる**住民主体の移送支援ボランティア「菅浦手助すー隊」**（「てごする」は出雲弁で「手伝う」という意味）である。移送支援は，ボランティア隊員のマイカーを使用し，利用者の自宅と松江・境港両市にある商業施設や医療機関を結ぶ。サービスの開始にあたって，松江市社会福祉協議会が企画した「住民主体の移送サービス事業」に菅浦自治会が手をあげ，事業費を交付された。主体は自治会の要配慮者支援組織で，地区社協と公民館がこの取り組みの後方支援を行っている。市社協から，移送支援のサービスの講習会の開催や保険などの手続き上の支援を受け，さらに今後は市の補助金を活用し，活動を継続することが決まっている（詳細は放送教材で紹介します）。

これらの動きは，第５次地域福祉計画の【基本目標５．安心して住み続けられるまちづくりをめざす】の実現に向け，公共交通機関の維持・継続・充実していく取り組みを推進する「移動手段の確保」として位置づけられている。

④　計画の継続的推進：第５次地域福祉計画に至るまで

松江市では，2004年の第１次地域福祉計画・地域福祉活動計画の策定から今に至るまでに４年おきに計画が改定されている。第１次計画の時から，行政計画と社協による活動計画が合同で策定されるという方式が引き継がれ，今回の第５次計画は2018年に中核市に移行した状況を加味した計画となっている。松江市の計画の特徴である地区地域福祉活動計画との連携は，第１次計画の策定に先がけて2001年度からすでに始まっており，21地区社協（当時）で地区地域福祉活動計画づくりを先行させていた。**住民による小地域単位の手作りの計画**が基盤となったこの策定過程は，第５次計画に至るまで，見直しが行われながらも継続している。

図12-６は松江市にみる計画づくりの継続的推進のイメージである。松江市では，**P（計画）D（実施）C（評価）A（改善）のサイクル**を繰り返し，すでに４回の計画づくりが行われたことになるが，この継続性は，計画策定を手法とした福祉コミュニティづくりが定着していることを示している。

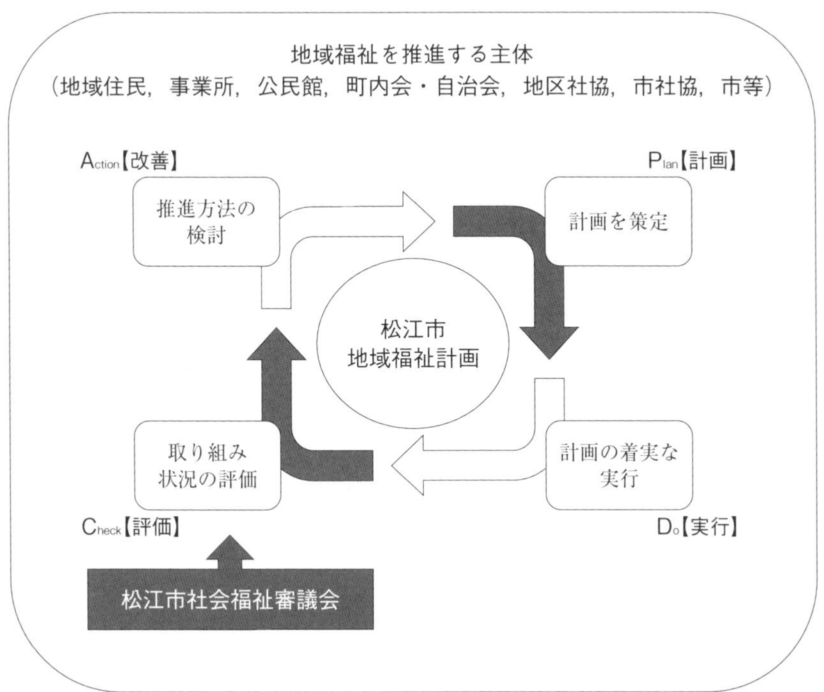

出所：第５次松江市地域福祉計画

図12-６　地域福祉計画の継続的な推進イメージ

3. 公民パートナーシップのあり方を示す計画として

日本にある全1,741市町村のうち，地域福祉計画を策定しているのは1,405市町村で全体の80.7％である（2020年）。社会福祉法の改正で計画策定が努力義務とされたことから，今後はますます地域福祉計画が地域づくりの中心と位置づけられるだろう。住民が参画する計画策定は，地域の課題や要望を明らかにし，関連事業や活動の推進につながることは，本章で紹介した松江市をはじめ，他自治体の先進事例が実証している。

2018年に改正された社会福祉法では，改めて地域福祉計画を分野別計画の上位計画とすることを求めている。松江市は2004年の第１次計画から地域福祉計画を上位計画に位置づけ，高齢者，障がい者，子ども，その他の福祉分野の計画を横断的に**一体的に定める計画**として機能するように策定してきた。

さらに，地域福祉計画のルーツは民間の計画である地域福祉活動計画にあることを忘れてはならない。地域福祉計画は公民パートナーシップのあり方，つまり各自治体における地域福祉運営のあり方を議論し，住民主体でその実現に向けたルールを決める計画であり，公的な福祉事業の運営を規定する分野別の行政計画や事業計画とは性質が異なる計画といえる。

◎学習課題◎

1．地域福祉計画の策定が社会福祉法に規定された背景を考えてみよう。
2．地域福祉活動計画の特徴とその意義について考えてみよう。
3．計画の策定過程への住民参加の手法をまとめてみよう。
4．松江市の計画づくりから学ぶ点を整理してみよう。

参考文献

・福間敬明（2006）「第10章　公民館活動と地区社協活動にみる住民の主体形成」上野谷加代子・杉崎千洋・松端克文編著『松江市の地域福祉計画：住民の主体形成とコミュニティソーシャルワークの展開』ミネルヴァ書房
・加川充浩（2020）「地区社会福祉協議会を基盤とする見守りネットワークの仕組みと公私連携の形成要因」杉崎千洋・小野達也・金子努編著『単身高齢者の見守

りと医療をつなぐ地域包括ケア』中央法規
・小松理佐子（2006）「地域福祉計画の策定プロセスと手法」日本地域福祉学会編『地域福祉辞典』中央法規出版
・野上文夫（2015）「住民参加・住民主体を実現する組織としての社会福祉協議会：兵庫県社協とともに全国へ発信してきたこと」公益財団法人日本生命済生会編『地域福祉研究』公５（通算45）
・須田敬一（2006）「21地区における『地域福祉活動計画』：公民館活動と地区社協活動の総合化」上野谷加代子・杉崎千洋・松端克文編著『松江市の地域福祉計画：住民の主体形成とコミュニティソーシャルワークの展開』ミネルヴァ書房
・武川正吾（2002）「第２章　地域福祉計画の策定」大森彌編著『地域福祉を拓く第４巻　地域福祉と自治体行政』ぎょうせい
・上野谷加代子・松端克文・斉藤弥生編著（2014）『対話と学び合いの地域福祉のすすめ：松江市のコミュニティソーシャルワーク実践』全国コミュニティライフサポートセンター（CLC）
・和田敏明（2006）「社会福祉協議会と地域福祉活動計画」日本地域福祉学会編『地域福祉辞典』中央法規出版

参考資料

・厚生労働省（2020）「市町村地域福祉計画策定状況等の調査結果概要」
・松江市・松江市社会福祉協議会（2020）「第５次松江市地域福祉計画・地域福祉活動計画」
・全国社会福祉協議会（2020）「社会福祉協議会活動実態調査等報告書2018」
・全国社会福祉協議会地域福祉部（2000）「地域福祉活動計画策定指針」

13 新しい地域福祉の創造①
—共生社会とダイバーシティ

吉岡洋子・斉藤弥生

《本章のポイント》 地域社会には多様な人たちが暮らしている。年齢，性別，国籍が違う人たち，また障がいや健康状態もさまざまである。これまでの地域福祉実践や地域福祉を巡る議論は高齢者を対象にするものが多かったが，これからの地域福祉は地域のダイバーシティに目を向ける必要がある。本章ではダイバーシティを前提とした共生社会のあり方を考えるために，障がいのある人たち，日本に居住する外国籍の人たちの生活支援に焦点をあてる。
《キーワード》 ダイバーシティ，共生社会，障がい，地域生活，多文化共生

1．ダイバーシティ（多様性）と社会

地域社会には，実に多様な人々が暮らしている。年齢，性別，国籍といった属性，また障がいや健康などの状態は人によって違う。勉強や仕事に従事する人，趣味やボランティア活動を楽しむ人，育児や介護に携わる人，そのバランスやライフスタイルもそれぞれ異なる。内面に目を向ければ，価値観や宗教，性格も人さまざまである。図13-1にイメージを示すが，こうした多様性のことを「**ダイバーシティ**」と呼ぶ。

多様性があること自体は当然である。ただ，その多様性をどう認識するかで，全く反対の状況が生まれうる。例えば，企業は近年，ダイバーシティ経営戦略として，女性や外国籍の人たちを積極的に登用している。異なる個性や力の発揮から，新たな価値が創出されるとして，多様性を

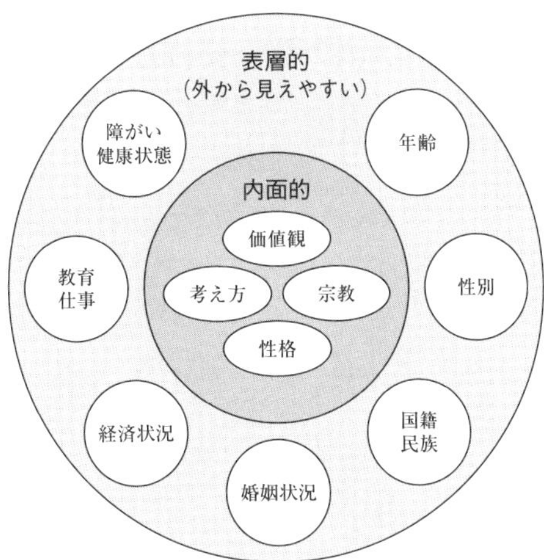

図13-1　ダイバーシティ（多様性）の
表層的な要素・内面的な要素

積極的に受け入れる視点である。一方で，違いに対して，不安，差別や偏見が生じてしまっている現実もある。ヘイトクライム（人種や宗教に基づく犯罪）や，障がい者福祉施設の建設に対する一部の地域住民らによる反対運動もその例である。

つまり今，違いが社会にもたらしがちな分断を承知した上で，多様性と向き合う姿勢が極めて重要になる。異なる存在に関心をよせ，理解して自分もつながろうとする視点が広まってこそ，誰もが自分らしく個性や力を発揮できる社会が実現できるだろう。

さて，あなたの身近な地域の様子を思い浮かべてほしい。多様な誰もが，毎日学校や仕事に出かけたり，家族や友人と過ごしたりといった，地域での“ふつうの生活”を送ることができているだろうか。知的障がいのある人や，外国籍の人たちの場合はどうだろう。本章では，多様性のある共生社会をいかに創れるかという視点で，地域福祉を考えていく。

2. 共生社会の実現に向けて―排除から包摂へ

(1) 地域で生まれる排除と孤立

地域社会での人間関係は，基本的に**「お互い様」精神**をベースとして成り立っている。おすそわけをしたり，町内会の掃除や行事を一緒に担ったりしながら，人の結び付きが生まれ維持されている。

一方で，だからこそ地域社会には，仲間外れをつくってしまう**排他性**という側面もある。歴史的にも「ムラ社会」という言葉があるように，日本の組織や社会には同質性を重視する特徴がある。こうした背景から，地域社会内部でのルールや秩序から外れる場合には，排除が起きやすい。外国籍の住民との，ゴミ分別をめぐるトラブルも各地で起きている。また，保育所等，福祉施設の必要性はわかるが自分の地域にはお断りとして，しばしば建設反対運動が起きており，この態度は「NIMBY(ニンビー)（not in my backyard）」（「我が家の裏庭には建てないで」の意）と呼ばれる。

さらに，福祉的課題に対する理解不足や偏見も残存している。そのため，ひきこもりの状態の人，失業中の人，障がいのある人，退職後の高齢者，外国籍の人，DV や虐待のある家庭等，地域で孤立しがちな人や家庭が多数みられる。

(2) 社会的包摂と共生社会

こうした地域社会からの孤立や**排除**が近年深刻化している背景には，少子高齢化やグローバル化，格差拡大による社会構造の大きな変化がある。ヨーロッパ諸国では，1980年代頃から，若年失業者，移民・難民等が社会からのドロップアウトしてしまう傾向にあることが問題になった。そして，**社会的排除**という概念で，社会のしくみや人間関係からはずれることは，社会の一員としての存在価値が奪われてしまうことと捉えられるようになった。具体的には，個人や集団が，社会的な交流や労働生活への参加，また居住，教育，保健や福祉サービスへのアクセス等，多元的に排除されるメカニズムや状況を社会的排除という（欧州委員会 1992)。社会的排除の克服のために，**ソーシャル・インクルージョン**（社会的包摂）の考え方が生まれ，包括的な社会政策が求められるようになった。

政府の「ニッポン一億総活躍プラン」(2016年６月２日閣議決定）では，「地域共生社会」の実現が提案され，ここでいう「地域共生社会」とは「子供・高齢者・障害者など全ての人々が地域，暮らし，生きがいを共に創り，高め合うことができる」社会とされる。

「共生社会」という語は1980年代頃に登場し，当時，男女差別への関心の高まりから**「男女共生」**という語が使われた（武川 2019)。その後，1990年代の労働力不足の中で外国人技能実習制度が始まり，特に子どもたちの教育の領域を中心に**「多文化共生」**という語が登場する（同上)。武川（2019）は**「地域共生社会」**という語の登場について，「多文化共生」が４半世紀を経て，その人たちが福祉や医療と直面するようになり，地域福祉と重なる部分がでてきた（同上）とする仮説をたてる。

本書では，これまでの地域福祉研究の経験と蓄積を踏まえ，その定義を「住み慣れた地域社会のなかで，家族，近隣の人々，知人，友人などとの社会関係を保ち，自らの能力を最大限発揮し，誰もが自分らしく，誇りを持って，家族及びまちの一員として，普通の生活（くらし）を送ることができるような状態を創っていくこと」(上野谷・斉藤 2018）とし（詳細は１章)，地域社会における人々の社会関係に着目し，人々が社会の一員たりうる社会的支援に重点を置く。「地域共生社会」は，政策として地域福祉とよく似た表現をもつが，評価にはその実績をみるための時間が必要となる。

3. 障がいのある人の地域生活

(1) ノーマライゼーションの理念―施設入所から地域生活へ

障がいのある人(注1)を対象とする福祉制度の歴史では，まず保護や隔離のための入所施設が拡大し，結果として地域生活からの排除が進んだ。かつては諸外国も同様で，知的障がい児・者の大規模入所施設での劣悪な処遇と隔離への批判から，1950年代のデンマークで**「ノーマライゼーション」**の理念が誕生した。知的障がいのある人をノーマルにするのではなく，彼らをその障がいと共に受容し，普通の生活条件を提供するという考え方であり，障がいのある人たちの平等な権利と共生を目指す理念である（河東田 2013)。

この理念に基づき，1960年代から各国で**「脱施設化」**，つまり入所施設から地域生活への流れが生まれた。特に北欧諸国やアメリカでは，支援拠点や在宅サービスの拡大，公共施設のバリアフリー化等，環境整備が進んだ。

一方，日本ではそのような世界的動向とは異なり，1960年代，1970年代も大規模入所施設の建設が続き，障がいのある人たちは保護の対象であった。そうした中，当事者による**障がい者運動**，**自立生活（independent living）運動**が始まった。障がいがあると施設か親元で暮らすしか選択肢はないのか？　なぜ，車椅子ではバスや電車に乗れないのか？　という疑問が表明され，仲間やボランティアの支援で自立生活を始める人が現れた。また，親たちは**親の会**を結成し，我が子が働くための**作業所**の設立や，行政への提言等の運動を行った。

1980年代以降，「完全参加と平等」をテーマとした国際障害者年（1981年）等の国際的動向が，日本の障がい者施策にも影響を与え，1993年に障害者基本法が成立し，その後の障がい者施策の基盤となった。

2000年代に入り，障がい者福祉制度は改革が続くが，**障害者総合支援法**（2012年）の前身である**障害者自立支援法**（2006年）は障がい別（身体・知的・精神）で提供されていたサービス利用のしくみを一元化した。同時に導入された財源確保のための応益負担（サービスの利用量に応じた費用負担を求めること）を巡り，全国で当事者らによる違憲訴訟が相次いだ。国連では2006年に「障害者権利条約」が採択されたが，日本が批准したのは2014年というように，日本の障がい者支援は順調に進んできたとは言いがたい。

今日，障害者総合支援法に基づき，障がいのある人たちの地域生活に必要な拠点やサービスの整備が進みつつある。例えば，グループホームの入居者数は，2020年度に13万6,000人（前年比11％増）となり，初めて施設入所者数を超えた。制度外で運営されていた作業所も，今では**就労支援の事業所**として制度化され急増している。こうして，障がいのある人たち自身が生活の主体者となり，家やグループホームから仕事や活動に通い，自由に趣味や買い物を楽しむような地域生活が目指されるようになった。とは言え，日本では根本的に，障がい者福祉の資源やサービス自体が圧倒的に不足している。OECD 統計にみる障がい関連での公的支出（対 GDP 比，2017年）は，日本が1.1％で，OECD 平均は2.0％，最も高いデンマークは4.9％であった。障がい者が地域で共に生き，社会に参加するためには，基本的生活を守る所得保障やサービス基盤の拡充は，不可欠である。

（2）　障がいのある子どもたちの教育―分離教育からインクルーシブ教育へ

障がいのある人たちが安心して暮らすことのできる地域を考える上で，子ども時代の教育のあり方も重要である。地域の中で生まれ育ち，地域の保育所や学校に通い，顔見知りの隣人や商店，インフォーマルなサポートのネットワークが形成されていれば，障がいのある子どもたちは成人後も，地域での生活が継続しやすい。ノーマライゼーションの理念が早期に広まった国々では1970年代頃から，子どもの障がいに配慮しつつも，すべての子どもたちが同じ地域の学校の同じ教室で学ぶという**「統合教育」**（インテグレーション教育）が進んだ。

1994年のサラマンカ宣言以降，とりわけ2006年の障害者権利条約以降は「包括的な教育」（インクルーシブ教育）が求められるようになり，障がいの有無にかかわらず，共同の場を設定し，そこで行われる平等かつ包括的な教育の実現が，世界の教育政策で大きなテーマとなっている。

日本ではこれまで，教育制度が，障がい児を身近な地域社会から切り離す時代が続いてきた。かつて重度障がいの場合は**就学免除・就学猶予**制度（1979年まで）があり，就学自体ができず親子が閉ざされた家庭生活を強制されていた。その後，養護学校義務化ですべての子どもが教育を受けられるようになり，現在は，普通学校での特別支援教育も展開されているが，分離教育としての特別支援学校は今も主流である。文部科学省は「共生社会の形成に向けて，障害者権利条約に基づくインクルーシブ教育システムの理念が重要」と提唱するが特別支援学校の在籍者（幼稚園から高等部まで）は増加しており，2020年で約14万5,000人（文部科学省 2021）に達している。障がいのある子どもたちも地域の中で共に学び，育ち合う環境が一般化すれば，個々の出会いの中から，障がいへの適切な理解も浸透すると考えられる。

(3) 「働く」ことを通した社会参加

① 福祉的就労と一般就労

「働く」ことは，社会参加の1つの主要な形であり，生計を立てる以外に，社会での所属，力の発揮，人の役に立つことの実感といった複数の意味をもつ。また，勤労は憲法で保障された国民の基本的権利であり，健康に暮らす，幸福を追求する等の諸権利とも深く結び付いている。しかし現実には，障がいのある人たちが社会で働くことは容易とはいえない。本人の希望や能力があっても，障がいがあることが理由で働くことができなければ，社会参加の実現とはいえない。

日本の障がい者総数は約963万5,000人で，人口の約7.6％とされる（内閣府 2020）。このうち18歳～64歳で就労支援施策の対象となる在宅で暮らす障がいのある人たちの数は，約377万人であり，この数は増えている（同上）。

障がいのある人たちの働く場は今日，障害者総合支援法に基づく**「就労系障害福祉サービス」**の利用（いわゆる**福祉的就労**）か，一般就労（企業等）の大きく２つに区分される。福祉的就労であれば，丁寧な支援は受けられるが，仕事内容や賃金・工賃の面で限界がある。民間企業で働く障がいのある人たちの数は，2018年に535万人で10年前に比べて200万人以上も増えている。だが，障がい特性ゆえに一律のペースや作業量への対応が難しく，就労継続が難しいケースも多い。一定の配慮と支援のあり方が模索されている。

②　新たな仕事づくりと働き方の創出

障がいを問わず今日の社会一般において，働くことを巡る環境や考え方は変動している。男性稼ぎ手による終身雇用・フルタイム労働という一律的な日本の雇用慣行は限界を迎え，変わりつつある。その一方，個々の生活実態や適性に合わせて，積極的に働く場所や時間帯を組み合わせる柔軟な働き方も生み出されている。ILO（国際労働機関）が1999年に示した「**ディーセント・ワーク**（働きがいのある人間らしい仕事）」，言い換えれば，「権利，社会保障，社会対話が確保されていて，自由と平等が保障され，働く人々の生活が安定する，すなわち，人間としての尊厳を保てる生産的な仕事」は，その象徴といえる。

既存の障がい者就労の枠組みの限界に加えて，前述のような労働環境の変動も背景に，障がい者の新たな仕事づくりと働き方のイノベーションが生まれている。

例えば，社会的企業（詳細は14章）の一種の**「ソーシャル・ファーム」**[注2]がヨーロッパ中心に広がっている。これはイタリアで1970年代に誕生したが，精神科の退院者の仕事の場がみつからず，病院の職員と患者が共に企業を立ち上げた取り組みが原点である。例えば滋賀県の「株式会社なんてん協働サービス」は清掃業を主とする民間企業で，30年以上にわたり知的障がいのある人たちの雇用に挑戦してきた。障がいがあっても自立して働き暮らしていきたい，誰もが普通に働き普通に暮らせる社会をつくりたい，という思いから，なんてん協働サービス社は，知的障がいのある人たち等と職員が，地域密着型でメンテナンス業や高齢者介護にも事業を拡大し取り組んでいる。

また，**「ユニバーサル就労」**という**中間的就労**と呼ばれる働き方も興味深い。ユニバーサル就労とは，千葉の生活クラブ風の村が，「働きたいのに働けずにいるすべての人が働けるように」と2008年頃に提唱した考え方である。ユニバーサル就労は図13-2のように多様な人を対象とし，障がいのある人たちだけでなく個性や事情にあわせて，４つの働き方（無償コミューター，有償コミューター，最低賃金保障職員，一般賃金職員）（※コミューターは「継続的に通う人」の意）を選択でき，社会参加の第一歩となっている。

さらに，**「超短時間雇用」**のしくみが，2016年から東京大学の研究者と企業等の連携プロジェクトから誕生した。製品翻訳，胃カメラの洗浄等ジョブ単位での仕事の請け負いに特化することで，週15分～１時間の

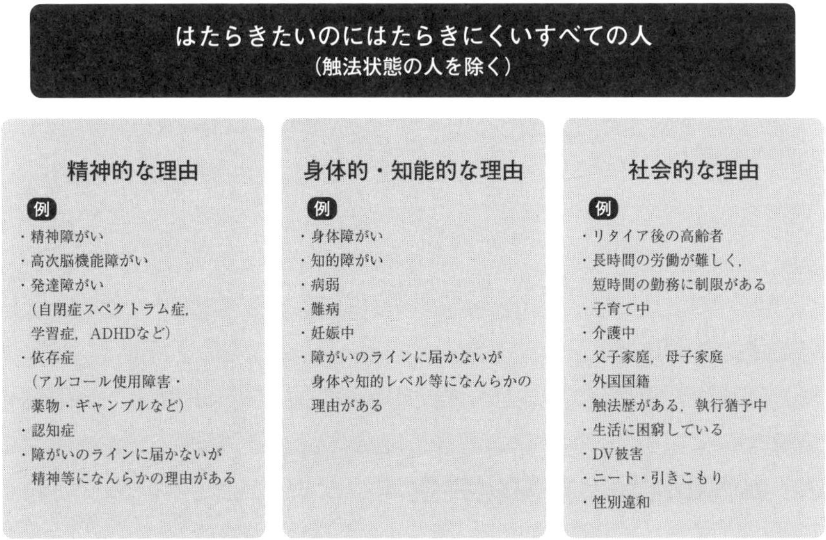

はたらきたいのにはたらきにくいすべての人（触法状態の人を除く）		
精神的な理由	身体的・知能的な理由	社会的な理由
例 ・精神障がい ・高次脳機能障がい ・発達障がい （自閉症スペクトラム症，学習症，ADHDなど） ・依存症 （アルコール使用障害・薬物・ギャンブルなど） ・認知症 ・障がいのラインに届かないが精神等になんらかの理由がある	例 ・身体障がい ・知的障がい ・病弱 ・難病 ・妊娠中 ・障がいのラインに届かないが身体や知的レベル等になんらかの理由がある	例 ・リタイア後の高齢者 ・長時間の労働が難しく，短時間の勤務に制限がある ・子育て中 ・介護中 ・父子家庭，母子家庭 ・外国国籍 ・触法歴がある，執行猶予中 ・生活に困窮している ・DV被害 ・ニート・引きこもり ・性別違和

出所：生活クラブ風の村ホームページ

図13-2　ユニバーサル就労の対象者

働き方の創出が可能になったという。障がいのある人たちの苦手を補う支援ではなく，本人の特性や得意を活かす支援へと変化がみられる。

【事例】　地元の洋菓子工場や商店街，古民家カフェを職場に

兵庫県神戸市の（社会福祉法人）すいせい（SUISEI）は，主に精神障がいや発達障がいの人を対象に，就労支援事業等を展開する。2017年頃から，神戸市の委託で，超短時間雇用（週20時間未満）の受け入れ先開拓と受け入れ先と就労希望者のマッチングも行っている。

理事長の岸田耕二さんは，障がいのあるなしにかかわらず生きづらく働きづらい現代社会に対する問題意識から，「特徴のある人がどうすれば力を発揮することができるか」を追求してきた。その中で，企業側のニーズを深く理解，分析することで，働きづらい人の就労の場を，地元の老舗洋菓子工場や寿司店，商店街等，徹底して地域の中に創り出している。また，2020年秋にはコロナ禍でありながら，駅に近い住宅街で，古民家を改装したカフェ（就労継続支援Ｂ型事業所）を開いた。乳幼児の親子もほっとでき，孤立しがちな人が「誰か」に繋がり，「何か」に繋がることを意図した居場所である。福祉制度の枠を超えて地域に支え合いや関わり合いが増え，誰もが生きやすい社会が実現するよう，革新的な取り組みを次々に展開している（放送教材で詳しく紹介します）。

4．外国籍住民と多文化共生

（1） 外国籍住民の増加

日本の**在留外国人は約293万人**（2019年度末）で，前年度から７％増え，過去最高の数を更新した。国籍別でみると，**中国**28％，**韓国**15％，**ベトナム**14％，**フィリピン**10％，**ブラジル**７％と続き，合計195の国や地域からの人が日本で暮らしている。また，都道府県別では在留外国人数が多い順に，東京都59万人，愛知県28万人，大阪府25万人と続く（詳細は８章）。在留外国人のうち15歳未満の子どもは約21.5万人（2018年）で，５年前より3.7万人ほど増加している。

また近年の日本では，少子高齢化による**労働力不足を補う**ために，さまざまな形で海外の人たちを労働力として受け入れている。2019年４月施行の改正出入国管理法では，人材不足が深刻な14業種での就労を認める新たな在留資格**「特定技能」**が導入され，介護もその１業種となった。政府は，2025年に必要となる介護人材は253万人で，日本国内で37.7万人の介護人材が不足すると推計している。**介護分野の「特定技能」実習**

生は最大６万人の受け入れが想定されている。

日本では2008年以降，インドネシア，フィリピン，ベトナムから，**経済連携協定（EPA）**に基づく**外国人介護福祉士候補者**を受け入れており，候補者は日本国内の介護施設で最長４年間の就労が可能で，その間に介護福祉士の国家資格を取得することが求められる。しかしその数はこれまでに6,000人に届かず，限定的であった。

2020年春からの新型コロナウイルス感染拡大により，実習継続が困難となった「特定技能」実習生，帰国が困難な元実習生や元留学生は約4.6万人にものぼった。政府は早期の帰国支援，在留希望者に対する就職支援，生活困窮者に対する支援（緊急小口資金等の特例貸付）（詳細は15章），情報発信の強化といった取り組み姿勢を示したものの，必要な人たちがその支援にたどり着いているかは明らかではない。

（２）国際社会のルールから乖離する日本の状況

多くの国々では，外国から移動してきた人を**「移民」（migrant）**と認識し，社会保障制度の対象としている。日本社会には，さまざまな形で滞在する外国籍の住民(注３)がいるにもかかわらず，政府は今でも「移民」の存在を認めていない（高谷 2019）。日本には「移民」の人たちに対する包括的な政策や理念そのものが存在しない(同上)という見方もある。

朝倉（2017）は**国際社会のルールと憲法の規定のズレ**を指摘し，地域社会から排除される移民の状況を議論している。「経済的，社会的及び文化的権利に関する国際規約」，「市民的及び政治的権利に関する国際規約」（共に1979），「難民の地位に関する条約」（1981）では社会保障は**内外人平等原則**となっているが，日本の憲法25条は「国民」を対象にしているため，**外国籍の住民の人たちへの生活保護は恩恵的な位置づけ**になっており，日本国籍をもたない子どもたちは義務教育の対象から外れることになる（朝倉 2017）。政府の調査（2019）では，**約２万人の外国人の子どもたちが就学できていないか，就学状況が把握できていない**という，信じがたい結果が示された（文部科学省 2020）。

公共サービスや福祉サービス等，生活に必要な情報や相談事業も多言語化されておらず，多文化への配慮がない現実がある（朝倉 2017）。外国籍の人たちには国境を越えたところに家族があるという点でもより複雑な困難さを抱えているが，外国籍の人たちが直面する生活上の困難は，ボランティアやNPOだけが頼りという厳しい現状がある（同上）。

地方自治体によっては外国籍住民の市民権を保障しようとする取り組みもある。例えば神奈川県川崎市では1996年に**「外国人市民代表者会議」**を条例で設置し，公募で選考された26人以内の代表者が教育，住宅，福祉などに関する調査を実施し提言を行っている（川崎市 2021）。また条例で国籍要件のない住民投票制度を設置する動きもある。しかし外国籍住民は納税者でありながら，その市民権が制限されている現実がある。**多文化共生社会**づくりにおいて，国際社会のルールに基づく，国際水準に見合った社会体制の整備が急務である。

【事例】 多文化共生社会における地域福祉拠点の可能性
―愛知県高齢者生協「ケアセンターほみ」（愛知県豊田市）の実践

愛知県豊田市（人口43万人）には約1.8万人の外国籍住民が暮らしている。愛知県高齢者生協「ケアセンターほみ」のある保見ケ丘地区（人口約7,300人）では，住民の約55.6％が他国にルーツをもつ住民である。その多くはブラジルからの日系人で，その他にペルー，ベトナム，中国からの人たちも暮らしている。1990年入管法改正で，かつて南米等に移住した日本人の子ども（日系２世，３世）に日本での労働と定住資格が認められることになった。これを契機に自動車工場で働くために海外か

写真13-1　保見団地では住民の55.6%が外国にルーツをもつ

写真13-2　ショッピングセンターの１階にある「ケアセンターほみ」

ら日本にやってきた人たちが，地区内の保見団地に住むようになったが，ゴミ出しや騒音等，生活習慣の違いによるトラブルや事件が発生していた。住民同士の交流と理解を深めようと，自治体，NGO，ボランティア団体による行事や啓発活動が行われ，多文化共生の地域づくりも始まっている。

「ケアセンターほみ」の主な事業は，訪問介護と放課後等児童デイサービスで利用者は42人，職員はホームヘルパー，児童指導員，事務員を合わせて18人で，約半数の職員が他国にルーツをもつ。

「ケアセンターほみ」の開所は2011年で，リーマンショック後で派遣労働者の解雇が深刻な社会問題となっていた頃であった。愛知県高齢者生活協同組合は，地域のNPOから「ホームヘルパー養成講座を開催して，保見ケ丘地区で働ける場をつくってほしい」という要望を受けた。2009年に介護職員初任者研修（ホームヘルパーの資格をとるための研修）として「保見ケ丘介護教室」を開催したが，これまでに研修会は9回開かれ，**日本，ブラジル，ペルー等8か国108人の修了者を輩出**した。修了者は地域の介護サービスの重要な担い手となっている。

「ケアセンターほみ」で行われた当初の介護教室は，基金訓練[注4]を活用して，失業者が資格取得を目指すことであった。また日本人と他国にルーツをもつ人たちが共に学ぶことで，**異なる言葉や，文化の違いを認めて学び合う**ことも重視していた。

サービス提供責任者を務める上江洲(うえず)恵子さんはペルー出身で，15年間，自動車生産の下請け工場で働いていたが，3人目の子どもを出産したときにリーマンショックに襲われ，失業した。ハローワークでの求職中に，介護研修を紹介され，愛知県高齢者生協と出会った。基金訓練の制度では，介護従事者になるための研修を受けている期間に1か月10万円の生活費が支給されたという。

近年，「ケアセンターほみ」では，地域の外国籍住民から「どこに相談したらよいかがわからない」という声に応えている。**外国籍住民は，言語の問題から介護，医療，教育，生活保護を受けるための正確な情報を入手できていないことが多い**。また制度改正のたびにしくみが複雑になり，理解が困難となる。「ケアセンターほみ」では，独自の「生活支援・助け合い活動」として，市役所や病院に同行したり，介護保険制度の面接調査の通訳をしてきた。コロナ禍でも，特別定額給付金（一人10万円）やワクチン接種の説明や手続きの相談にも応えてきた。

「ケアセンターほみ」の活動は，外国籍住民が多く暮らす地域における住民主体の地域づくりの可能性を示している（詳細は放送教材で紹介します）。

5. まとめ

本章では，誰もが参加し支え合う共生社会をいかに創ることができるのかについて，**ダイバーシティ**（多様性），**ソーシャル・インクルージョン**（社会的包摂），**多文化共生**を地域福祉の視点で考えてきた。障がいのある人や外国籍住民等，これまで地域から排除されがちだった人々が，主体的に暮らし，地域に参加するとはどういうことか，またその実現にはどのような社会資源や支援が必要か。これまでの地域福祉が積極的に関わってこなかった領域であり，今後，早急に取り組むべき課題である。

本章で取り上げた実践例では，**地域住民や専門職が，「誰も取り残さない」，「この人に出番をつくりたい」という思い**で，制度を超えたしくみや地域福祉実践を展開していた。また，個々の特性や力の発揮を支える個別支援が，共生社会づくりという最終目標を念頭においた地域支援と深く連動している点が共通する。誰もが，自分らしく，主体的に生きていくためには，地域福祉に多文化共生とソーシャル・インクルージョンの視点が必要である。

（注）

1）本書では，身体的，精神的な理由により，日常生活を営む上で何らかの支援を必要とする人たちを「障がいのある人」と表記している。ただし法律や制度に使われている語については原文のまま使用している。

2）障害者や労働市場で不利な立場にある人々のために仕事を生み出し，支援付きで雇用の機会を提供することに焦点をおいたビジネス。

3）本章では，日本以外の国にルーツのある人たちを「外国籍の人」,「外国籍の住民」と表記している。ただし法律や制度に使われている語は原文のまま使用している。

4）基金訓練とは，リーマンショック後の経済危機の中で実施された緊急人材育成・就職支援基金による職業訓練であり，失業期間の長期化を防ぐことを目的に，雇用保険を受給できない人を対象に無料で職業訓練を行った（2009年～2011年）。

◎学習課題◎

1．ダイバーシティ（多様性）とはどういうことか，具体例をあげて説明してみよう。

2．「お互い様」精神に基づく地域社会での人間関係の，利点と課題をあげてみよう。

3．ソーシャル・ファームの具体的な事例をインターネットで調べ，一般的な働き方と，ソーシャル・ファームでの働き方の相違点をまとめてみよう。

4．小学校に通っていない子どものいる外国籍の人たちの家庭では，どのような問題が起きうるか考えてみよう。

参考文献

・朝倉美江（2017）『多文化共生地域福祉への展望：多文化共生コミュニティと日系ブラジル人』高菅出版

・早瀬昇（2018）『「参加の力」が創る共生社会』ミネルヴァ書房

・河東田博（2013）『脱施設化と地域生活支援：スウェーデンと日本』現代書館

・中村豊（2017）「ダイバーシティ＆インクルージョンの基本概念・歴史的変遷および意義」『高千穂論叢』52(1)
・西谷敏（2011）『人権としてのディーセント・ワーク―働きがいのある人間らしい仕事』旬報社
・社会福祉法人生活クラブ（2017）「ユニバーサル就労システムの高度化事業 報告書（平成28年度生活困窮者就労準備支援事業費等補助金社会福祉推進事業）」
・高谷幸編著（2019）『移民政策とは何か：日本の現実から考える』人文書院
・上野谷加代子編著（2020）『共生社会創造におけるソーシャルワークの役割』ミネルヴァ書房

参考資料

・愛知県高齢者生活協同組合 https://aichikoreikyo.web.fc2.com/（2021年6月1日アクセス）
・川崎市ホームページ「外国人市民代表者会議とは」
http://city.kawasaki.jp/250/page/0000041052.html（2021年6月1日アクセス）
・「ケアセンターほみ」資料
・文部科学省（2020）「外国人の子どもの就学状況等調査結果」
・文部科学省初等中等教育局特別支援教育課（2021）「特別支援教育行政の現状及び令和3年度事業について」
・内閣府（2020）「令和2年度障害者白書」
・欧州委員会（1992）「連帯の欧州をめざして：社会的排除に対する闘いを強め，統合を促す」
・OECD（2021）Public spending on incapacity.（2021年2月21日アクセス）
・生活クラブ風の村ホームページ「ユニバーサル就労とは」
http://kazenomura.jp/universal（2021年6月1日アクセス）

14 新しい地域福祉の創造②
―社会的企業という可能性

斉藤弥生

《本章のポイント》 社会的企業は，福祉的課題の解決に貢献する市民活動，社会貢献活動の一つの形態として世界で注目されている。社会的企業の活動やその生み出す社会的価値について学び，地域福祉の新たな担い手としての可能性を考える。
《キーワード》 社会的企業，特定非営利活動法人（NPO），協同組合，社会福祉法人，社会貢献，社会的価値

1．福祉サービス供給の多元化

（1） 措置制度から契約制度へ

福祉需要の増大とその多様化に対応するために，2000年に**社会福祉基礎構造改革**が行われた。日本において社会福祉の基盤となる社会福祉事業や社会福祉法人の制度は，1951年に社会福祉事業法が制定されて以来，ほぼそのままの状態で継続されてきたが，同改革は社会福祉事業の充実と活性化を目指し，多様な事業主体の参入を促すこととなった。具体的には，福祉サービスの利用は，一部を除き，**措置制度**（行政が行政処分によりサービス内容を決定する制度）から**契約制度**（利用者自身が事業者と対等な関係でサービスを選択する制度）に移行された。代表例は2000年４月に開始された介護保険制度である。同制度は介護サービス市場への多様な事業者の参入を期待しており，特に居宅介護サービスの領

域では，法人格をもち，法律に定められた基準を満たし，都道府県知事の指定を受けることで，誰もが介護サービス事業者になることができる。

表14-１は**訪問介護事業所**の法人別事業所数を示す。2000年には9,833か所だった訪問介護事業所は，2019年には3.5倍の３万4,825か所に増加した。法人別割合では，2000年には**社会福祉法人**が全体の43.2％を占めていたが，2019年には16.8％にまで減少した。2000年以降は新しい事業者の参入が増え，**営利法人**が全事業所の30.3％から67.9％に，**特定非営利活動法人**（以下，NPO 法人）も2.1％から5.3％に増えた。措置制度のもとで福祉サービスの主たる担い手であった社会福祉法人や自治体による福祉サービスの供給の割合は減少し，特に都市部において新たなタイプの事業者による供給の割合が著しく増加してきた。

福祉の機能において，「**公的部門**」，「**非営利部門**」，「**営利部門**」，「**インフォーマル部門**」のバランスや相互作用を踏まえた考え方を，**福祉ミックス**，**福祉多元主義**という。この考え方は1970年代末にイギリスに

表14-1　「訪問介護」事業所数の法人別割合（2000～2019年）

法人	2000年	2005年	2010年	2015年	2019年	部門
自治体	6.6	0.7	0.5	0.3	0.2	公的
社会福祉法人 (社会福祉協議会を含む)	43.2	26.5	24.9	19.4	16.8	非営利
医療法人	10.4	7.7	6.6	6.2	5.7	
社団・財団法人	-	1.5	1.2	1.3	1.6	
特定非営利活動法人(NPO 法人)	2.1	5.4	5.7	5.1	5.3	
協同組合（農協・生協等）	4.6	3.6	3.3	2.4	2.1	
営利法人	30.3	53.9	57.3	64.8	67.9	営利
その他	2.7	0.8	0.5	0.4	0.3	
訪問介護事業所数（か所）	9,833	20,618	26,889	34,823	34,825	

出所：厚生労働省（2000，2005，2010，2015，2019）より作成

始まり，1980年代以降に世界に広まった。今日では，福祉多元主義の視点をもたずに，地域福祉は議論できない時代となっている。

（2） サードセクターとNPO法人

戦後，福祉サービスの普及において，**福祉国家（政府）**の役割は大きかった。公的部門の機能は標準的なサービスを全国一律に展開する時には有効であるが，そのサービス供給には**公平性**が求められるため，地域事情や個別事情への配慮は難しく，**画一的**になりがちである。また介護サービス分野では，**市場**の役割が大きくなってきたが，**営利部門**によるサービス供給は顧客の要望に敏感で，多様なサービスを提供しうるものの，**対価性**（支払い能力に応じたサービス）が基本にあり，経済的困窮者への対応が課題となる。

その中で**「行政でもなく，市場でもない」**のが**非営利部門**であり，**サードセクター・市民セクター**とも呼ばれる。サードセクター・市民セクターにおける代表的な活動主体が**非営利組織**であり，1990年代以降，**NPO（non profit organization）**として世界で注目されるようになった。非営利組織/NPOは営利を第一の目的とせず，**社会的使命**（ミッション）をもち，公共の利益のために活動する。「認知症になっても地域で暮らせるように」，「障がいがあっても自立して生活するために」といった強いミッションをもつ活動主体は，小規模ながらもユニークな活動を通じて，**質の高いサービス**と**新たな社会的価値**を提供し，時には社会変革を促す力を発揮する。

日本では，ボランティア活動や市民の自発的な社会貢献活動の発展を目指して，1998年12月に**特定非営利活動促進法**（通称：NPO法）が施行された。さらに2012年４月には**認定特定非営利活動法人（認定NPO法人）制度**が創設され，税制上の優遇措置が始まる等，非営利組織/

NPOの活動を支援し促進するための制度の整備が進んできた。

NPO法において，**特定非営利活動の目的は，不特定かつ多数のものの利益に寄与すること**であり，その活動は，保健・医療・福祉，社会教育，まちづくり，観光，農山漁村または中山間地域振興，学術・文化・芸術・スポーツ振興，環境保全，災害救援，地域安全，人権擁護，国際協力，男女共同参画，子どもの育成等の20種類に分類される。

ボランティア団体等の任意団体は，「NPO法人」という法人格をもつことで，組織としての社会的信頼を高め，契約を通じて行政等からの事業委託を受けやすくなる。日本全国に5万件を超えるNPO法人，約1,200件の認定NPO法人が登録されており，NPO法人の約6割は「保健・医療・福祉」の分野で活動している（2020年）。

また2020年12月に**労働者協同組合法**が国会で成立し2022年末までに施行される。この法律は働く人たちが自ら出資し，自ら経営する組織に対して法人格を与えるもので，同法に基づき活動を始める**労働者協同組合/ワーカーズコープ**は新たな法人格をもち，地域福祉の新たな担い手としても期待される（詳細は後述）。

2. 社会的企業という概念

（1） 期待されるのはNPOだけではない

1980年代終盤から1990年代に行われた**レスター・サラモン**（Salamon, L.M.）らのNPO国際比較プロジェクトは，世界各国のNPO研究に火をつけ，市民活動研究に大きな影響を与えた。同調査では国際比較を可能とするためにNPOの定義として，**1）利益の非分配**，**2）政府からの独立**，**3）組織形態の確立**，**4）独立運営**，**5）自発性**という5つの条件を設定した。

ところが「利益の非分配」という条件は，多くの国で市民活動団体を分類する際の障壁となる。例えばヨーロッパ諸国で活動する協同組合の多くは市民運動や地域活動から生まれているが，協同組合の利益は組織内の組合員に分配される。そのため，実際にはほとんど収益がない組織でも，協同組合は「利益の非分配」という条件に当てはまらない。

ヴィクトール・ペストフ（Pestoff, A.V.）ら，ヨーロッパのサードセクター研究者は，「利益の非分配」ばかりが重視されるNPO分類に異論を唱えた。NPOの最大の特徴である「利益の非分配」は利用者とサービス提供者の間に信頼関係をつくるといわれるが，金銭スキャンダルを起こしている非営利組織もある。ペストフは，**サービス提供者と利用者の信頼関係を築く**という視点でみれば，利用者がサービス生産に参加する形式をもつ協同組合が優れているとし，利益の非分配性が必ずしも組織の信頼につながるわけではないと主張した。またサードセクターの活動主体をみるときに，組織の法人形態にとらわれすぎると，地域に根差した，社会貢献度の高い組織を排除してしまう恐れがあることを指摘した。

（2） 社会的企業とは

社会的企業（social enterprise）とは，本来の事業以外に，複数の社会的目標をもって活動する事業体を指し，その地域社会への貢献が注目されている。ヨーロッパ諸国では障がいのある人や移民の人たちの雇用創出に貢献する社会的企業が数多く生まれている。社会的企業は1990年代初頭からヨーロッパで注目され，欧州連合（EU）は活動助成を通じて，社会的企業の活動を積極的に支援している。

ペストフによる**福祉トライアングルモデル**は多様な福祉サービスの供給体の位置を示す（図14-1）。前述の福祉多元主義の考え方は，政府，

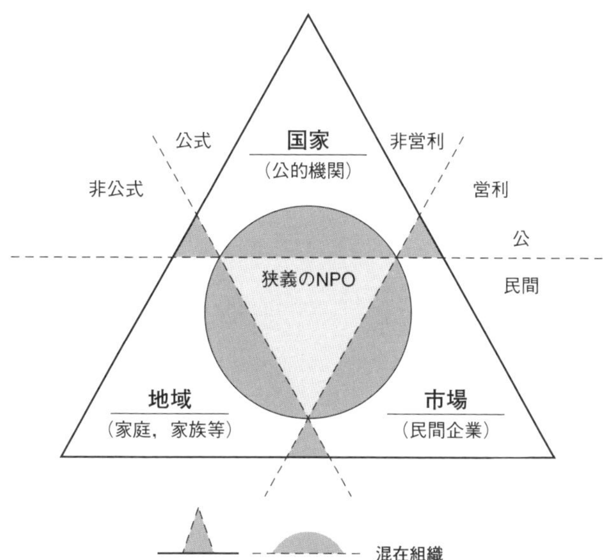

出所：Pestoff, V.A. (1998)，一部改変

図14-1　ペストフの「福祉トライアングルモデル」

地域，市場のいずれも福祉サービスの供給を行うことを前提とする。**狭義の NPO** は中心の逆三角形（薄い網掛部）で，**「民間，非営利，公式」という特徴**について厳格にこだわる部分である。しかしそれぞれの国の制度や文化，歴史が関係する組織はむしろ逆三角形の周辺部（濃い網掛部）にある。社会的企業の概念はこの周辺部を含んでいる。例えば協同組合は，非営利ではなく市場の活動主体であるが，必ずしも営利を第一の目的としているわけではなく，社会的使命をもち，社会貢献度が高い活動をしていることが多い。また地域で活動するボランティア団体は，法人格をもっておらず厳密には狭義の NPO ではないが，中には自律した活動を展開する組織もある。社会的企業の考え方は**混在組織**を含めており，法人格にこだわりすぎず，組織やその**自律性**，**活動のミッション**，

社会への貢献に注目する。組織を法人形態でなく，活動や組織の特徴で評価するという点で，社会的企業は**行為概念**ということができる。

日本で社会的企業というと，NPO 法人や協同組合をイメージすることが多いが，社会的企業と呼ばれる組織の種類は国ごとに異なる。ヨーロッパ諸国には協同組合の歴史と文化があり，イタリアやスペインなど南欧諸国では，協同組合の形態をもつ社会的企業が多くみられる。スウェーデンやデンマークなど北欧諸国では，福祉サービス供給という点では社会的企業の役割は限定されるが，赤十字，禁酒運動などの19世紀終盤から20世紀初頭にみられた民衆運動に起源をもつ歴史あるボランタリー組織が，移民の就労支援，生活支援を行っており，これらは社会的企業といえる。イギリスでは，**チャリティ法**に基づき，一定の基準を満たして登録されている団体は全国で20万団体を超える。また2005年には**コミュニティ利益組織**（CIC：Community Interest Company）という法人格が新設され，社会的企業が活動しやすい環境整備が進められてきた。

さて**協同組合は「共通の利益を形にするという思想と実践」というテーマで，2016年にユネスコ無形文化遺産に登録**された。申請国はドイツであり，ユネスコが登録を決めた理由は，協同組合は**共通の利益と価値を通じてコミュニティづくりを行う**ことができる組織であり，雇用の創出や高齢者支援から都市の活性化や再生エネルギーへの取り組みに至るまで，さまざまな社会的課題に創意工夫あふれる解決策を生み出しているというものであった。

(3) 社会的企業の潜在的貢献

ペストフらは，1990年代から一貫して，協同組合が提供する保育サービスの質の高さを論じており，自らの調査研究で協同組合による保育所では，保育職員と利用者の相互関係が強く，双方の満足度が高いことを実証した。ペストフはその実証研究の結果を根拠に，社会サービスの供給体としての社会的企業には３つの潜在的貢献があることを指摘している。第１に社会的企業は職員に働きがいを与え，**職員の労働生活を豊かにする**。第２に社会的企業は**サービス利用者のエンパワメント（能力化）**に貢献する。多くの社会的企業では，利用者が自発的にサービス生産に参加し，サービスが良くなるように発言し，行動する。第３に社会的企業は**複数の社会的価値の創造**に貢献する。社会的企業は本来事業に加えて，他の社会的目標をもち，多様な社会的価値を生み出している。

社会的企業の活動として，日本ではNPO法人やコミュニティ・ビジネスの活動に注目が集まるが，本章ではあえて古くからの組織である協同組合と社会福祉法人の“新しさ”に焦点をあて，これらを社会的企業と捉え，社会的企業の理解を深める。

3. 社会的企業としての可能性①―医療と介護の協同組合

（1） 医療と介護の協同組合とは

購買生協（コープ）や農協（JA）は事業や活動が幅広く全国に展開されているため馴染みがある。一方，**医療や介護の協同組合**は一定の地域で，病院や診療所，介護事業所を運営し，地域住民の健康増進，健康維持の活動や介護サービスの提供をしているため，その地域以外に住む人には馴染みが薄いことが多い。

それでも日本で活動する医療の協同組合には，生活協同組合のグループにある**医療福祉生活協同組合**（以下，医療福祉生協）と農業協同組合のグループにある**厚生農業協同組合**（以下，JA厚生連（こうせいれん））の２つの大きなグループがあり，両者を合わせると，日本国内にある全病床数の約５％，また介護サービスの約３％を担っている。前者は主に誰でも平等に受けられる医療，また後者は主に農村地域の医療に尽力してきた。

医療福祉生協の活動には，地域包括支援に先駆的に取り組む南医療生協の例（11章）がある。JA 厚生連の活動では，JA 長野厚生連佐久総合病院の地域医療をあげることができ，若月俊一（わかつきとしかず）院長（1910－2006）のリーダーシップのもと，日本の保健医療政策に数々の影響を与えてきた。「農民とともに」という基本理念により展開された佐久病院の「出張診療」「文化活動」「全村健康管理運動」は，専門職（医師，看護師，介護職員等）と住民（利用者本人や家族，地域住民）との協働が基盤となってきた（11章）（詳細は放送教材で紹介します）。

(2) 利用者（地域住民）と提供者（専門職）による協働

協同組合にはサービス提供者が組合員となる**生産者協同組合**と利用者が組合員となる**消費者協同組合**の２タイプがある。医師だけが構成メンバーとなる協同組合は世界に数例みられるが，日本の医療と介護の協同組合では，**地域住民（利用者）と専門職である医師，看護師，介護士等（提供者）が対等の権利をもつ出資者，運営者**として位置づけられており，このような組織は日本特有のもので他国に類をみない。特に医療福祉生協では，地域住民と専門職が対等に１人１票で選挙権，被選挙権をもち，理事会を構成し，施設やサービスの運営や組織の決定にも両者が対等に参加している。

なぜ日本に，世界でも珍しい，利用者（地域住民）と提供者（専門職）が対等に参加する協同組合があるのか。医療生協と JA 厚生連による医療は戦後，異なる法律体系のもとで運営されてきたが，協同組合医療としてのルーツをたどれば，100年以上も前の**産業組合法**（1900）と**医制**（1874）に行きつく。産業組合法はドイツの都市信用組合システムのモデルを採り入れた日本で初めての協同組合法である。また医制は

「一府県にあるいは有志の人民協同して病院を建設せんと欲する時，…（中略）…許可を受くべし」として，病院や診療所の自由開業性を前提としていた。1919年に「わが村にも医療を」という住民活動から，**島根県青原村に日本初の協同組合医療**が誕生した。その後，生活協同組合コープこうべ（当時，灘購買組合）の創設者である**賀川豊彦**（1888-1960）ら（２章参照）によって東京医療利用組合（1932）が設立され，生活困窮者も医療が受けられるように，また無医村問題を解決すべく，全国に協同組合医療が広がっていった。

条件を満たせば誰でも医療事業者になれたという点で，医制と産業組合法の関係は，その約100年後に成立した介護保険制度（2000年）とNPO法（1998年）の関係とよく似ている。社会的企業は海外からの輸入概念のようにみえるが，日本の医療や介護分野で活動する**社会的企業のルーツを100年前の協同組合医療にみる**ことができる。

（３） 新しい社会的価値の創造

日本で介護問題が深刻化する中，協同組合は介護の社会化に貢献した。1980年代にコープこうべ（当時，灘生協）で始まり，全国に展開された**「コープくらしの助け合いの会」**の介護活動は，地域に助け合いの精神に基づくホームヘルプを提供し注目された。この活動は，地域の中で介護問題の深刻さを学び，共感し，在宅介護サービスの必要性を社会問題として考える機会を人々に与え，高齢者介護の制度化を推し進める原動力となった（写真14-１）。

協同
特集
活動に"幅と深み"を加えて
広がる地域協同
あなたと、私と
みんなの老後のために。

写真14-１　「コープくらしの助け合いの会」の活動を紹介する記事
（灘生協機関紙『協同』〔1984年７月15日〕より）

1990年代に盛んとなった農協のホームヘルパー養成研修は，全国に10万人を超える修了者を輩出し，農繁期のデイサービスは農村の女性たちを助けることとなった。農協のホームヘルプやデイサービス事業は，農村という家族介護の文化が根強い地域で，介護の外部化を浸透させた点で歴史的に大きな役割を果たしたといえる。

4．社会的企業としての可能性② ―労働者協同組合

（1） 労働者協同組合とは

労働者協同組合/ワーカーズコープは，働く人が出資し，１人１票の決定権と責任を分かち合いながら，地域の必要に応える仕事を自らの手で創り出す**仕事おこしの協同組合**である。働く人たちは「労働」を担うだけでなく，出資し，経営にも関わる。NPO 法人との大きな違いは，ワーカーズコープは**メンバーの出資**が必要で，また組織と組合員（被雇用者）との間に**労働契約が義務**づけられる（図14-２）。

日本労働者協同組合（ワーカーズコープ）連合会が設立されて41年目の2020年12月に**「労働者協同組合法」**が成立し，2022年までに法律が施行され，労働者協同組合という法人格が誕生する。

これまでにもワーカーズコープの多くはNPO 法人や生活協同組合等の他の法人格で活動してきた。その活動は生活に根差した領域で幅広く展開されており，**共生ケア**（高齢者介護，障がい者支援等），**子ども・子育てケア**（保育園，学童保育，児童館，放課後等デイサービス等），**自立・就労ケア**（生保・困窮者支援，若者支援，就労支援等），**協同組合連携**（建物管理，清掃，物流等），**フードバンク**，**子ども食堂**等の活動がある。

日本におけるワーカーズコープ運動は，戦後の**失業者対策事業**が廃止

第一条　この法律は，各人が生活との調和を保ちつつその意欲及び能力に応じて就労する機会が必ずしも十分に確保されていない現状等を踏まえ，**組合員が出資し，それぞれの意見を反映して組合の事業が行われ，及び組合員自らが事業に従事することを基本原理とする組織**に関し，設立，管理その他必要な事項を定めること等により，多様な就労の機会を創出することを促進するとともに，当該組織を通じて地域における多様な需要に応じた事業が行われることを促進し，もって**持続可能で活力ある地域社会の実現に資することを目的**とする。

（太字は筆者による）

図14-2　労働者協同組合法　第一条（目的）

されていく中で，その雇用の受け皿となる事業体づくりに始まった。その中核を担う事業体として，1987年に日本労働者協同組合連合会センター事業団が設立され，全国に380事業所で約1万人の組合員が働き，年間事業高は220億円となっている（2019年）。

（2）排除しない社会への挑戦

ワーカーズコープの多くは医療福祉生協の病院清掃業務や地域生協の物流センター内作業の請負から始まった。1990年代初頭のバブル崩壊の中で契約解除が続き，組合員の雇用の確保が困難になる中，委託に依存する経営体質を見直し，介護事業に進出するようになった。

清掃や物流の現場で働きながら，ホームヘルパー研修を受け，そして次第に自分たちでホームヘルパー研修を開催するようになり，受講生たちが「**地域福祉事業所**」として，**ワーカーズコープ方式で介護・福祉事業を立ち上げる運動**を全国で展開した。公共サービスの民営化路線の中で，2003年に**指定管理者制度**（公営施設の運営を民間事業者に運営委託をするための制度）が始まるが，ワーカーズコープは**公共サービスの市**

民化を理念に，**コミュニティセンター**，**老人福祉センター（老人いこいの家）**，**学童クラブ**，**児童館等の運営受託**にも取り組んでいる。さらに2015年の**生活困窮者自立支援制度**では，弱者支援ではなく，当事者主体の考え方を軸に，子どもから高齢者まで，社会的排除や孤立をなくし，誰もが居場所と役割をもてる地域づくりを目指し，関連事業を担っている。

またワーカーズコープ連合会では，持続可能な地域をつくる**「協同総合福祉拠点（みんなのおうち）」**運動を進めており，全国で100か所の開設を目指す。「みんなのおうち」は協同労働プラットホームであり，そこにはやってみたいことや困りごとが寄せられ，「こうすればできるのではないか」と話し合いながらその実現を模索する。日々の暮らしの中に自治と民主主義を実感できる場をつくり，新しい社会を創ろうと力を合わせる（図14-３）。

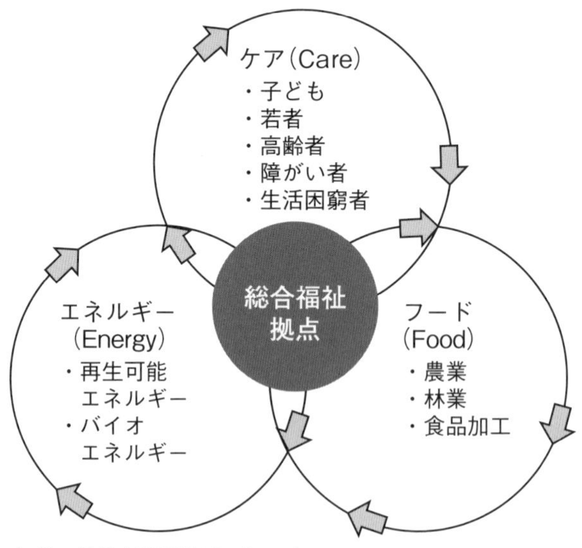

出所：労働者協同組合（2021）

図14-３　ワーカーズコープが考える「協同総合福祉拠点（みんなのおうち）」

労働協同組合法第一条（目的）は，「各人が生活との調和を保ちつつその意欲及び能力に応じて就労する機会が必ずしも十分に確保されていない現状等を踏まえ，……」（図14-２参照）として，日本社会において**ワーク・ライフ・バランス**（仕事と生活の調和）が成り立ちにくい現状を明確に指摘している。競争社会の中で，働くことの意味を長年にわたり追求してきたワーカーズコープの活動は，高齢者介護，生活困窮者支援，障がい者就労，課題を抱える子どもたちの支援等の今日的な地域福祉の課題解決に挑戦している。そしてその活動は，支援事業を通じて**「排除しない社会」という新しい価値**を生み出している。

5. 社会的企業としての可能性③ ― “新しい” 社会福祉法人

（1） 問われる社会福祉法人のあり方

社会福祉法人は，社会福祉事業を行うことを目的とし，社会福祉法の規定に基づき，厚生労働省の認可を受けて設立される法人である（社会福祉法第22条）。**憲法第89条（公の財産の支出又は利用の制限）**では「公金その他の財産」は，「公の支配に属しない」「慈善又は博愛の事業」に対し，これを支出し，またはその利用に供してはならない，と規定されている。民間の慈善事業に対する公的補助金の支給は禁止されているため，戦後，社会福祉法人が設立され，福祉サービス供給を担ってきた（詳細は２章）。公的助成を受けた社会福祉法人は，行政による監督等多くの規制を受けるため，社会福祉法人は民間組織でありながら，**サービスが官僚的になりがち**という指摘がなされてきた。

戦後，半世紀にわたり，福祉サービス供給の大部分を担ってきた社会福祉法人であるが，多様な事業者が福祉サービス供給に参入するようになった今日において，そのあり方が問われている。社会福祉法人に対しては補助金支給や非課税措置等の**税政上の優遇措置**がとられているが，経営主体間で異なる財政上の措置が存在する状況を見直すべきという意見が強くなっている。この考え方は，**イコールフッティング**（対等の立場で競争が行えるように，基盤や条件を同一にすること）を確立すべきというもので，事業者間で同じ条件でサービスの質を競い，利用者の利便を高めるべきであるとする。

イコールフッティングが求められる中，地域における自らの役割を見直し，本来事業以外に積極的な地域貢献を行う社会福祉法人が現われるようになった。これらの社会福祉法人を**“新しい”社会福祉法人**として社会的企業に位置づけたい。

（2） 滋賀県社会福祉協議会の決意「ひたすらなるつながり」

滋賀県社会福祉協議会（以下，滋賀県社協）は，滋賀県地域福祉施策検討委員会（滋賀県社協の専門委員会）の構成団体が母体となり，2014年9月に，5年間のプロジェクトの実施組織として**滋賀の縁（えにし）創造実践センター**（以下，縁（えにし）センター）を任意団体として発足させた。発足時の会員数は18団体，188法人で，その数は滋賀県内にある社会福祉法人の約7割にあたる。縁（えにし）センターの活動財源は会費や寄付，滋賀県からの助成金で，縁（えにし）センター自らが集めた1億円の基金である。

縁（えにし）センターの活動は**高齢，児童，保育，障がいといった分野を超えた専門職のつながり**から，お互いの抱える課題を理解し合い，**制度の垣根を越えた解決策**を見つけていくものであった。例えば，“社会福祉施設を活用した子どもの夜の居場所づくり”では，高齢者の生活の場である老人ホーム等の社会福祉施設を活用して，夜一人で過ごしている子どもが週1回，安心して夜の時間を過ごすという，制度の枠を超えた取り組みが始められた。子どものサポートには子ども家庭支援の経験のある有償スタッフ，大学のボランティアサークルや地域のボランティアが対応し，子どもたちは夕食，入浴をし，遊んだり，勉強したりしながら時間を過ごす。

また医療的ケアを必要とする重度障がい者の入浴支援事業は，会議に参加した専門職のアイデアから始まった。医療的ケアを必要とする重度障がい児・者は，看護師配置がないと，居宅外の活動にはすべて家族が付き添わなくてはならない。特に入浴は本人の身体の成長，家族の高齢化とともにその負担は重くなるだけでなく，自宅の浴槽では入浴が困難となる。この事業では，制度の枠を超えて，地域内にある入浴設備（例えば老人ホームの入浴施設）を利用して医療，福祉の専門職による入浴支援体制をつくった。費用の一部は縁センターから支払われる。

制度の枠を超えたつながりによる支援の他に，縁センターでは「遊べる・学べる淡海子ども食堂」，「社会的養護のもとで育つ子供たちの社会への架け橋づくり事業」等，滋賀県社協が事務局となり，**滋賀県内の社会福祉法人等が協働**して，知恵とお金と労力を出し合い，今日的な課題に取り組んできた。

縁センターは当初の計画どおり2019年に解散したが，その理念と志は滋賀県社協に引き継がれた。滋賀県社協は定款を大幅に改定し，滋賀県社協が行う事業として，共生の場づくり，法や制度の狭間にある生活課題への支援，生きづらさを抱えた人と地域の架け橋になる事業，多主体間協働の事業等，縁センターが築いてきた実績を新たに滋賀県社協の定款に盛り込んだ。またそれらの事業に必要な**財源を確保するために，縁特別会員制度**を新設し，2021年には滋賀県内100か所の社会福祉法人が会員となっている。

社会福祉法人が集まり，**主体的に協働**することで，制度の枠を超えた新しい支援の形が生まれ，またその経験から**社会福祉法人が財源を出し**

合い，地域社会における新たな貢献が生まれようとしている。

6. まとめと課題

社会的企業を行為概念と捉えれば，法人格だけで団体の特徴を判断するのは早計であることがわかる。長い歴史をもつ協同組合や社会福祉法人も，活動の内容を評価することで社会的企業と位置づけることが可能である。地域福祉の活動主体として，多様な社会的価値を生み出す社会的企業の活躍は大いに期待される。社会的企業は住民同士の信頼関係や地域内の結び付きを強め，**ソーシャル・キャピタル（社会関係資本）**の醸成に貢献する。アメリカの政治学者**ロバート・パットナム**（Putnam, R.D.）は，ソーシャル・キャピタルについて，「人々の協調行動を活発にすることによって社会の効率性を高めることができる**『信頼』『互酬性の規範』『ネットワーク』**といった社会組織の特徴」と記述している。ソーシャル・キャピタルは**健康の増進，教育成果の向上，近隣の治安の向上，経済発展**等の有益な成果をもたらし，社会や個人の発展にとって，その蓄積が重要とされている。

その一方で，社会的企業の地域福祉活動は，医療保険制度や介護保険制度，行政による福祉事業の委託等による財源が基盤となることが多い。ドイツの政治学者**アダルベルト・エヴァース**（Evers, A.）は，参加という名のもとに，市民セクターが管理され，安上がりのダンピングの場として，市民参加が**負担の肩代わりに使われるリスク**があることも警告している。これはペストフの指摘する**「自発性を押しつけられた住民」**（15章参照）と視点を同じくする。

さらにエヴァースは「社会的企業は，**参加や連帯といった公共倫理を維持し，啓発していく役割**を担っている。これらは意思のある団体としての活動を通じ，**経済的，政治的，社会的な変革**を促している。そして彼らは実践を通じて，サービス供給の革新を行っている」とも述べており，社会的企業の活動が**イノベーティブ**（刷新的）な特徴を有することも指摘している。

学習課題

1．社会的企業とは何か，概念を整理してみよう。
2．社会的企業としてみた協同組合の特徴を整理してみよう。
3．社会的企業の概念を踏まえて，社会福祉法人の新たな可能性を考えてみよう。
4．地域福祉における社会的企業の活動について，その課題を考えてみよう。

参考文献

・神野直彦・牧里毎治編（2012）『社会起業入門―社会を変えるという仕事』ミネルヴァ書房
・Pestoff, A.V.（1998）*Beyond the Market and State: Social enterprises and civil democracy in a welfare society*. Ashgate: London, UK.（＝藤田暁男・川口清史・石塚秀雄・北島健一・的場信樹訳（2000）『福祉社会と市民民主主義：協同組合と社会的企業の役割』日本経済評論社）
・田中羊子（2019）「協同労働と地域づくり―私たちは当事者としてこの社会をどう生きるのか―」日本医療福祉生活協同組合連合会編 Review and Research, Vol.20.　pp. 4-9
・谷口郁美（2020）「第９章 共生社会をつくる地域福祉実践の新たな手法」上野谷加代子編著『共生社会創造におけるソーシャルワークの役割―地域福祉実践の挑

戦』ミネルヴァ書房

参考資料

・厚生労働省「介護サービス施設・事業所調査」「開設（経営）主体別事業所数の構成割合（詳細票）」(2000年，2005年，2010年，2015年，2019年）
・厚生労働省社会援護局（2014）「イコールフッティングについて」（第6回社会福祉法人の在り方等に関する検討会資料／2014年2月20日）
・内閣府「NPOホームページ：特定非営利活動法人の認定数の推移」(2020年1月31日現在） https://www.npo-homepage.go.jp/about/toukei-info/ninshou-seni
・内閣府経済社会総合研究所編（2005）「コミュニティ機能再生とソーシャルキャピタルに関する研究調査報告書」
・労働者協同組合ホームページ https://jwcu.coop（2021年11月14日アクセス）
・滋賀県社会福祉協議会資料
・滋賀の縁創造実践センター資料

15 地域福祉の課題と展望 ―複雑化，複合化する困難への挑戦

斉藤弥生

《本章のポイント》 日本の社会保障制度は対象者別であり，これまで地域福祉の関心も高齢者への取り組みが中心になる傾向がある。その一方で，社会構造や環境変化の中，地域には既存の福祉制度だけでは解決できない複雑で複合的な生活課題が増えており，例えば孤独死，自殺，ひきこもり，ホームレス等がそれにあたる。地域福祉は人々の日常生活に起きる困難の最前線にあり，課題を発掘し，時にはそれを制度づくりにつなげてきた。本章では「制度の狭間（はざま）」にある問題に焦点をあて地域福祉の課題と展望を議論する。

《キーワード》 制度の狭間（はざま），社会的孤立，生活困窮者自立支援制度，自立支援，新型コロナウイルス感染症によるパンデミック，地域共生社会，共助と互助，コ・プロダクション，グリーンソーシャルワーク，SDGs

1. 社会的孤立は個人の責任ではない

（1） 孤独は自己責任か

社会的孤立とは，家族や地域社会との交流が，客観的にみて著しく乏しい状態にあることを指す。2021年2月，日本では新たに**孤独・孤立担当大臣**が任命され，社会的孤立を防ぐために関係省庁が連携する体制が検討されることとなった。社会的孤立は個人の責任ではなく，社会的課題として取り組むべき課題である。

世界で初めて孤独担当大臣（Minister of Loneliness）を任命したのは，イギリスのメイ政権で2018年のことである。イギリス政府は孤独の定義

を「人付き合いがない，または足りないという，個々の感情」，「社会的関係の質や量について，現状と願いが一致しないときに生じる感情」とし，その解決のために新たな予算を計上した。イギリスでは，人々の孤独は働く人々の体調不良につながり欠勤や生産性の低下等の経済的損失を生み出し，医療費コストの増大を招くと考えられる。

社会的孤立は自殺の要因となり，WHO（国際保健機構）の統計では，**日本における自殺率**（10万人当たりの自殺者数）は18.5人（2019年）で，世界で５番めに高い数字を示している。2020年の日本における自殺率は，コロナ禍で11年ぶりに増加し，特に女性の自殺が増加した。その背景に**不安定雇用による失業や賃金削減**等があることが指摘されている。

憲法第25条にあるように，国民の健康で文化的な最低限度の生活を保障するのは国の責任であり，個人の健康を著しく害し，人々を自殺に追い込む要因となる社会的孤立は**自己責任**の範囲を超えている。しかし他国に比べて，日本では孤独や社会的孤立を個人の責任と考える傾向が強い。日米英３か国を対象とした「孤独」に関する意識調査（2018年）では，「孤独は自分の責任か，自分ではどうにもできない要因によるものか」という問いに対し，日本では44％の人が「自分の責任」を回答し，イギリスの11％，アメリカの23％を大きく上回る回答であった（The Economist 2018)。

（２） 日本の高齢者は家族以外に頼れる人がいない

日本，アメリカ(米)，ドイツ(独)，スウェーデン(瑞)の４か国の高齢者を対象とした内閣府調査（2020年）は，日本の高齢者の近隣関係や友人関係について興味深い結果を示している。

「あなたは，ふだん，近所の人とは，どのようなお付き合いをなさっていますか」という問いに対し，**日本の高齢者には「立ち話程度」**

（64.7%），**「物のやりとり」**（49.5%）が多い一方，「病気の時に助け合う」（5.7%），「ちょっとした用事を頼む」（6.1%）という近所付き合いをしている人は少ない。例えば，**ドイツの高齢者では「相談事をする」**（43.7%），**「病気の時に助け合う」**（29.9%）近隣関係もある。

「あなたは病気の時や，一人ではできない日常生活に必要な作業（電球の交換や庭の手入れなど）がある時，同居の家族以外に頼れる人がいますか」という問いでは，「友人」という回答は独44.5%，瑞23.7%，米37.1%，日15.4%で「近所の人」という回答は独40.1%，瑞20.3%，米34.4%，日16.5%というように，他国と比べ，**日本の高齢者では友人や近所の人を頼る人が少ない。**

日本では，「迷惑をかけたくない」という気遣いから，周囲の人々との間で物のやりとりは行っても，困り事は頼みにくい，と感じる傾向がある。また高齢による身体機能の低下で，「歩行が困難」「耳の聞こえが悪い」「認知症がある」等を理由に，人との交流をあきらめてしまう人が多い様子もうかがえる。

（3）　定年退職後の男性たちが活躍する都市型農園
—「豊中あぐり」の地域福祉実践

男性高齢者は定年退職後に居場所を見つけられず，特に社会的孤立の状況に陥りやすいといわれる。それは多くの男性は現役時代に仕事中心の生活をしていることが多く，**ワークライフバランスの偏り**の延長線上にこの問題が存在している。このように考えていくと，社会的孤立は自己責任ではなく，社会的課題と考えられる。

「豊中あぐり」は都市型農園を拠点に，人と人とのつながり，ふれあい，認め合い，支え合う共有空間（コモンズ）を創造することで，**社会参加（特に定年退職後の男性）を促進**し，**地域福祉の担い手づくり**を目指す地域住民の組織であり，豊中市社会福祉協議会（大阪府）のもとで活動している。「豊中あぐり」の活動は，定年退職後の男性たちの地域福祉活動に賛同する地域住民の善意による土地の提供により，2015年に都市型農園の開園に始まり，今では市内７か所で野菜や果物，お米づくりが行われている。事務局は**豊中市社会福祉協議会**であるが，実際の運営は老人クラブ，校区福祉委員会，地元民生児童委員会等のその地区の地域福祉関連団体で構成される**「豊中あぐりプロジェクト運営委員会」**のもと，毎月開かれる実行委員会により運営されている。

第１号の「岡町菜園」はもとは住宅地の中の空地だった。畝(うね)幅を広くし，５か月をかけて約5,000枚の廃レンガを敷き詰め，認知症や障がいのある人でも参加できるようユニバーサルデザインの菜園が完成した。市内７か所の菜園ではそれぞれの地理的特徴を生かして，トマト，なす，薬物野菜，すいか，お米も栽培され，質の高い農作物が収穫されている。

2019年には古民家を借りて**地域共生拠点「和居輪居(わいわい)」**を開設。ここで開かれる「豊中あぐり塾」は春，秋に開催される講座で，地域福祉と野菜の勉強会等を行う。活動は野菜栽培にとどまらず，朝市を開き，採れたて野菜を販売したり，認知症高齢者や介護家族のためのオレンジカフェも行われる。また移動販売車「動くマルシェ」を使って，近所のお店が廃業して買い物に困っている高齢者に新鮮な野菜を直売し喜ばれている。収穫した野菜は，市内の子ども食堂にも提供されている。また収穫した芋を用いて九州で芋焼酎「豊中あぐり」を製造するなど，アイデア豊かな活動はマスコミでも紹介されている。

「豊中あぐり」の活動は当初，**定年退職をした男性の居場所づくり**としての色彩が強かった。参加者の平均年齢は71歳で，健康維持や介護予防にもつながっている。しかしその活動は課題を抱える若者や子どもた

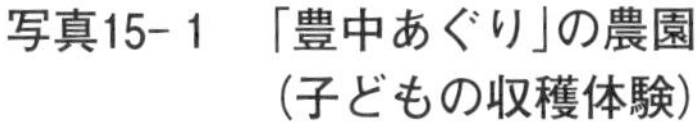

写真15-1　「豊中あぐり」の農園（子どもの収穫体験）

写真15-2　若者たちの就労支援「びーの×マルシェ」

ちの支援をはじめ新たな広がりを見せている。2019年には**子ども食堂**「わいわい食堂」を始め，**地域の子どもたちとの交流**も始まった。2020年はコロナ禍でも，密にならないよう十分な感染対策をした上で，子どもの農業体験（野菜収穫，稲刈り，芋ほり）などの交流活動を続けてきた（写真15-1）。またコロナ禍で子ども食堂が閉鎖される中，子どもたちの家庭に夕食のお弁当を届ける配食ボランティアを始めた人たちもいる。**「びーの×マルシェ」**（写真15-2）は2017年に豊中市社会福祉協議会が社会福祉法人から場所の提供を受けて豊中市小売商業団体連絡会との協働で開店した店舗で，若者たちの就労支援の場となっている。「豊中あぐり」のメンバーはここで働く若者たちと農作業を通じて交流している。**大阪北部地震**（2018年）の際も，「豊中あぐり」のメンバーは社会福祉協議会の一員として安否確認やビニールシート張りのボランティア活動に参加し，地域社会に大きな貢献を果たした（詳細は放送教材で紹介します）。

2. 生活困窮者自立支援制度と地域福祉

(1)「第二のセーフティネット」としての生活困窮者自立支援制度

生活困窮者自立支援法（2013年）に基づく**生活困窮者自立支援制度**（2015年）は，雇用保険と生活保護の間にある「**第二のセーフティネット**」と呼ばれている。2008年秋のリーマンショックによる景気後退は，派遣労働者の雇い止めに象徴される雇用の不安と失業が人々の日常生活を破綻させ，生活困窮者の救済と支援が求められる事態を招いた。また**精神疾患，ひきこもり，多重債務等の生活困難ケース**といった新たな社会課題への対応も求められている。生活困窮者自立支援制度は，生活保護に至る前の段階で早期に支援を行うための制度である。またケースによっては**生活保護受給者**もこの制度を活用することで，困窮状態からの脱却を図ることが期待される。生活困窮者自立支援制度は，地方自治体が実施主体となり，民間団体と協働して取り組まれている（表15-１）。

表15-１　生活困窮者自立支援法の目的と対象者

目　的	・生活保護受給者や生活困窮に至るリスクが高い層の増加を踏まえ，生活保護に至る前の自立支援策の強化を図る ・生活保護から脱却した人が再び生活保護に頼ることがないようにする
対象者	現在，生活保護を受給していないが，生活保護に至る可能性がある者で，自立が見込まれる者 福祉事務所来訪者のうち生活保護に至らない人は高齢者等を含め年間40万人（2011年推計）
（参考）	・非正規雇用労働者　2000年：26.0％→ 2012年：35.2％ ・年収200万円以下の給与所得者　2000年：18.4％→ 2011年：23.4％ ・高校中退者：約5.4万人（2011年） ・中高不登校：約15.1万人（2011年） ・ニート：約60万人（2011年） ・ひきこもり：約26万世帯（2006年厚労省推計値）

出所：厚生労働省（2013）

生活困窮者は，法律上は「**現に経済的に困窮し，最低限度の生活を維持することができなくなるおそれのある者**」とされ，厳格に定義されているわけではない。同制度による支援事業は，1）自立相談支援事業，2）住居確保給付金，3）就労準備支援事業，4）就労訓練事業，5）一時生活支援事業，6）家計相談支援事業，7）子どもの学習支援事業その他生活困窮者の自立の促進に必要な事業がある（表15-2）。支援を受けるに

表15-2　生活困窮者自立支援制度による事業

事業名	概要
1）自立相談支援事業	生活上の困り事や不安の相談を受け，支援員が相談者と一緒に考え，具体的な支援計画を作成し，自立に向けた支援を行う。
2）住居確保給付金	離職などで住居を失った人に対し，就職に向けた活動をすることなどを条件に，一定期間の家賃相当額を支給する。※資産収入に関する要件あり。
3）就労準備支援事業	直ちに一般就労が困難な人に対して，6か月から1年間，個人に合わせた就労支援プログラムに沿った研修や支援を行い，就労機会を目指す。※資産収入に関する要件あり。
4）就労訓練事業	その人にあった作業機会を提供しながら，個別の就労支援プログラムに基づき，一般就労に向けた支援を中・長期的に実施する（就労訓練事業，中間的就労）。
5）一時生活支援事業	住居をもたない人，ネットカフェなどの不安定な住居形態にある人に，一定期間，宿泊場所や衣食を提供する。
6）家計相談支援事業	家計状況の「見える化」と根本的な課題を把握し，相談者が自ら家計管理ができるよう支援する。
7）子どもの学習支援事業・その他生活困窮者の自立の促進に必要な事業	子どもの学習支援，日常的な生活習慣，仲間と出会い活動ができる居場所づくり，進学に関する支援，高校進学者の中退防止に関する支援等，子どもと保護者の双方を支援する。※資産収入に関する要件あり。

出所：厚生労働省ホームページより作成（2021年6月1日アクセス）

は，1）自立相談支援事業による相談支援を受け，利用申請を行うことから始める。

生活困窮者自立支援制度は，地域で生活困窮者を支援することと同時に，**生活困窮者支援を通じた地域づくり**を求めている。表15-2に示す事業は自治体から地域福祉推進の活動主体である社会福祉協議会，NPO，協同組合等に委託されており，生活困窮者自立支援制度のもとで，**ひきこもりの若者の就労支援や子どもの学習支援**等，さまざまな地域福祉実践が展開されるようになった。今後も地域福祉実践や地域福祉研究においてますます注目される領域であると同時に，**「自立支援とは何か」**が問われている。

（2）「自立支援」の考え方

1990年代終盤以降，社会福祉制度や政策の領域では**「自立支援」**という語が頻繁に使われるようになった。教護院から児童**自立支援**施設への名称変更（1998年），障害者**自立支援**法（2005年）とその改正による障害者総合支援法（2013年），前述の生活困窮者**自立支援**法（2013年）等がその例である。また法律や制度の概要や目的に，「自立」という語が頻繁に使われるようになった。例えば，2017年介護保険法改正では，**自立支援**・重度化防止に向けた保険者機能の強化を目指す取り組みが始まった。

高齢者介護と障がい者支援で使われる「自立」の意味はかなり異なっている。日本の介護保険制度における高齢者の自立支援は，主に身体的機能の維持により重度化を避け，在宅で生活できるための支援を意味している。一方，障害者の権利に関する条約（2006年国連で採択，2014年日本で効力発生）では，障がいのある人々を対象とする自立支援は，地域社会に**積極的に参加**できるための公的支援であり，**当事者の自尊心**，

自己決定権を尊重し，社会生活を営む上でのあらゆる場面における**差別の禁止**まで含む概念である。生活困窮者の自立支援は「**本人の内面からわき起こる意欲や想いが主役**となり，支援員がこれに寄り添って支援する。本人の自己選択，自己決定を基本に，経済的自立のみならず日常生活の自立や社会生活自立など**本人の状態に応じた自立を支援する**」とされており，制度理念が当事者本人の感情にまで言及している。

生活困窮者や障がいのある人々の基本的な権利が社会的に保障されないままでの「自立支援」は，その人たちの自立生活を脅かしかねない。社会全体で担うべき責任が，本人や家族，地域社会の責任に**丸投げされる危険性**をはらむからである。

北欧諸国のように，すべての人を対象に社会参加を促すための支援を社会の責任とすることを明確にしている社会（11章参照）では，社会福祉の地域化は，困難を抱える人々を対象とする「自立支援」と矛盾しない。その一方で，困難を抱える人々への支援について，社会的責任をあいまいにしている社会では，さまざまな支援の地域化はその**責任をさらにあいまいにしてしまう危険性**がある。地域福祉の研究と実践は，その危険性を十分に認識する必要がある。

3. 協働のパートナーか，自発を押しつけられた住民か？

世界的に福祉国家の危機がいわれ，社会保障支出が抑制される中，**生活課題の解決は個人や地域**に委ねられる方向性にある。そこで，地域福祉は政府が予算節約をするための解決策ではないかといわれることがある。しかし地域福祉が目指すコミュニティや活動は全く別のものである。

地域福祉の理念を基盤とする福祉サービスや福祉活動には，専門職と利用者（地域住民）による「**コ・プロダクション**」（**共同生産**）（14章）

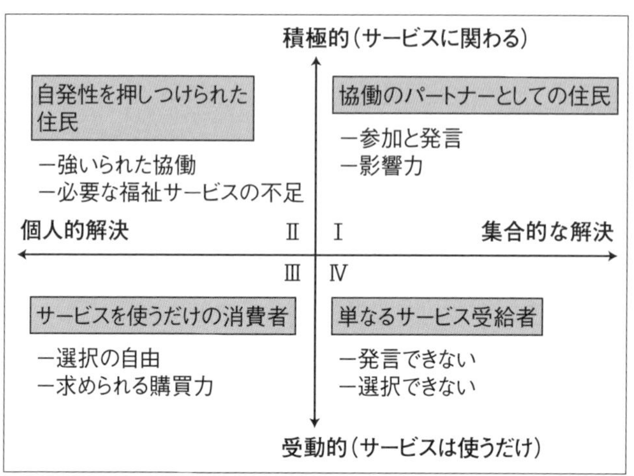

出所：Pestoff（2018）に加筆

図15-１　「コ・プロダクション」の分岐

のプロセスが組み込まれている。この概念は，2009年のノーベル経済学賞受賞者であるエリノア・オストロム（Ostrom, E.）らにより1970年代頃から議論され，市民社会研究やサードセクター研究の分野で継承されてきた。利用者が公共サービスの生産に参加することで，官僚的な福祉サービスの質が向上することを数多くの研究と実践が明らかにしてきた。

図15-１は，**ヴィクトール・ペストフ**（Pestoff, A.V.）が示す**コ・プロダクションの分岐**である。縦軸は利用者（地域住民）が積極的か受動的かを示し，横軸は生活課題の解決を個人に委ねる社会か，人々が連帯して解決しようとする社会かという方向性を示す。

地域福祉が目指すのは，第Ⅰ象限で**「協働のパートナーとしての住民」**である。ここでは住民はみんなで協力して課題を解決しようとする。人々は福祉サービスの提供に参加し，そのあり方についても発言し，影響力をもつ。ここでの活動は自由で楽しいので，継続するし地域づくりにつながる。本書で取り上げる地域福祉実践はここに位置している。

ところが見分けがつきにくいのが第Ⅱ象限で，住民の積極性が求められる点は同じだが，ここでは住民は**「自発性を押しつけられた住民」**となる。緊縮財政で必要な福祉サービスが削減される中，地域住民は必要な福祉サービスを補うために駆り出される。責任丸投げの中で，福祉の担い手を強要される地域住民である。これは本来の地域福祉の姿ではない。

第Ⅲ象限は**「サービスを使うだけの消費者」**で，福祉サービス供給からみると人々は受動的である。2000年以降急速に進む福祉サービスの市場化の中で福祉サービスの選択肢が広まったようにみえる。学びを通じて賢い消費者になることも重要であるが，福祉の領域では，価格が高くて買えない，自分に合ったサービスが見つからない等，サービス利用では期待するほどの選択の自由は享受できない。第Ⅳ象限は**「単なるサービス受給者」**の姿であり，官僚主義がはびこり，地域住民は意見を言う場もなく，受け身となる。ここには地域福祉が求める協働は存在しない。

地域福祉が追求するのは第Ⅰ象限の「協働のパートナーとしての住民」である。しかし地域福祉活動が活発化しても，それが福祉国家の後退によるものであれば，人々は「自発性を押しつけられた住民」になってしまう。サービスの共同生産，つまり協働にも種類があることを認識し，自分たちが今，どの位置にいるのかを俯瞰し，確認する作業は欠かせず，その作業も地域福祉の責任である。

4．2020年新型コロナウイルス感染症（Covid-19）拡大と困窮者支援

（1） コロナ禍の生活支援

新型コロナウイルスは2019年12月に中国の武漢市で初めて発症が報告

され，その後，世界中で感染が拡大した。世界保健機構（WHO）はこれをパンデミックと分類し，世界では約1.8億人が感染し，約400万人が死亡し，日本でも約79万人が感染し，約1.5万人が死亡した（2021年6月末）。新型コロナウイルス感染症によるパンデミックは人々の日常生活に大きな影響を与えただけでなく，社会構造にも大きな変化をもたらしている。

政府は2020年3月からコロナ禍で生活困窮に直面している人たちを対象に，**「緊急小口資金等の特例貸付」**（生活資金を無担保で貸し付ける支援事業）を開始し，その相談と申込受付窓口は，全国各地の**社会福祉協議会**が担っている。制度には2種類の貸付があり，**緊急小口資金**（緊急かつ一時的に生計の維持が困難となった場合に少額の費用を借りられる制度で上限20万円）と**総合支援資金特例貸付**（生活再建までの間に必要な生活資金が借りられる制度で，月20万円以内で期間は3か月以内）である。全国の市町村社会福祉協議会にはいくつもの相談窓口が設けられたが，滋賀県の場合，2019年度には3,517件であった生活福祉相談件数は2020年度には42,573件と12倍強に増加し，外国籍住民の相談件数も59件から6,994件と劇的に増加した（滋賀の縁(えにし)創造実践センターら2020）。

（2） 民間団体が行ったコロナ禍の生活実態調査

滋賀の縁(えにし)創造実践センター（詳細は14章）と**滋賀県社会福祉協議会**が実施した**「コロナ禍における生活困窮者支援に関する調査研究」**は，コロナが人々の日常生活を生活困窮に陥(おとしい)れる事態を生々しく示している。滋賀県の場合，総合支援資金特例貸付の利用者数（2020年4～11月）は9,497人で，わずか8か月の間にリーマンショック時1,269人（2009～2011年度までの3年間の合計）の7.5倍となった。このことからも新型コロナウイルス感染拡大の影響はリーマンショック時よりもはるかに多くの人々に及んでいることがわかる。またリーマンショック時には製造業がさかんな地域での貸付利用者が多かったが，コロナ禍では貸付利用者は全域に及んでいる。貸付利用者を性別でみると，男性70.4%，女性29.2%であるが，リーマンショック時は女性が14.0%だったことからコロナ禍では**女性の利用比率が倍増**したことがわかる。利用者の9割が月額5万円以上の減収を経験し，収入が全くなくなった世帯も全体の2割を占めていた。また貸付利用者で，申請書の氏名をアルファベットで記入している人が32.8%で，アルファベット記入が半分を越える市町もあった。**コロナ禍の特例貸付は外国籍住民も対象**となっており，厚生労働省のホームページでは，英語，中国語，スペイン語，ベトナム語等9か国語で制度の説明がなされている。

コロナ禍の人々の生活に関する統計が少ない中で，本調査は学識経験者，行政担当者，福祉事業者による民間団体が調査研究会を立ち上げ，自分たちの活動地域を対象に主体的に行った調査として注目できる。この調査結果を踏まえ，滋賀県社協では**困窮世帯を必要な公的サービスにつなげていく**活動の方向性を明確に打ち出すこととなった。**コロナ禍で生まれた新しい地域福祉活動**である。

（3）　ホームレス状態の人たちと地域福祉

厚生労働省は**ホームレス状態の人たち**は3,824人で（2021年1月），2003年の調査開始時からみて，最も少ない数になったと報告し，それは生活困窮者自立支援制度による自治体の施策に一定の効果があったものとして評価している。

一方，「路上には現れないが，慣習的な住居を持たないでネットカフェや簡易宿泊所などで寝泊まりしている人々や，家賃を滞納してアパートから退去させられる寸前の人，契約満了になれば会社の寮から退去しなければならない人々，病院や刑務所から退院，退所しても行き先のない人々など，いわゆる**広義のホームレス**は，むしろ拡大している」という指摘もある（ホームレスの実態に関する全国調査検討会 2012）。広義のホームレスの状況にある人たちはコロナ禍で間違いなく増えているはずである。

「ホームレスの自立の支援等に関する特別措置法」(2002) で対象とするホームレス状態の人たちとは，「都市公園，河川，道路，駅舎その他の施設を故なく起居の場所とし，日常生活を営んでいる者」と限定されているため，広義のホームレスの視点からみると，政府統計は必ずしもホームレスの状態にある人たちの生活実態を捉えているとはいえない。

2020年４月には「新型コロナウイルス感染症緊急経済対策」とし，すべての国民を対象に特別定額給付金（一人10万円）が支給されることになった。豊中市社会福祉協議会の**コミュニティソーシャルワーカー**（５章）は，公園で寝泊まりする**ホームレス状態にある人たちに声をかけ**，申請手続の支援を行うとともに生活相談，食料支援，冬場には寒波から身を守るためにシェルターの提供，また生活保護申請につなげる等の活動を続けてきた。都市部ではホームレスの人たちを支援するNPO等が食糧支援や生活支援を行っている。新型コロナウイルス感染症のパンデミックは，ホームレスや生活困窮は決して他人事ではなく，すべての人に起こりうる日常生活の危機であることを示している。

5. 地球規模の視点，社会構造を変えるという視点 —災害多発社会とグリーンソーシャルワーク

(1) レジリエンス—逆境を跳ね返す力

レジリエンスという語の直訳は，弾力性，回復力，復元力などである

が，近年では震災やその他の自然災害に関する研究で**“復活力”**，**“逆境を跳ね返す力”**などと意訳され，頻繁に使われるようになった。**レーナ・ドミネリ**（Dominelli, L.）は，代表作 *Green Social Work*（2012）（＝上野谷加代子・所めぐみ監訳〔2017〕グリーンソーシャルワーク：環境正義と共生社会実現）の中で，レジリエンスを「外的な衝撃にも負けず，立ち直ることができる強さ」と説明し，偶発的危機への対応力として，**逆境に負けないレジリエンスを引き出すソーシャルワーク**の必要性を論じている。

地球温暖化の影響により，多くの国で自然災害に遭遇するリスクが高まっている。日本では大規模地震，台風による土砂崩れや洪水などが毎年のように発生し，多くの被害が起きている。本書では７章で「災害と地域福祉」を論じているが，災害はさまざまな社会的課題を顕在化し，また取り残された社会的課題は災害を拡大する。社会構造の変化に伴い，地域福祉の基盤が脆弱化しており，生活を取り巻く課題の拡大や深刻化が懸念される時代である。レジリエンスは災害時だけでなく，日常生活の困難に対応する力をもつという意味でも重要な視点であり，またレジリエンスを引き出すソーシャルワークが効果的に機能するためには，地域福祉の充実が条件となる。これが**グリーンソーシャルワーク**の考え方である。新型コロナウイルス感染症の世界的パンデミックを経験した今だからこそ，理解を深めるべき概念の一つである。

（2）　グリーンソーシャルワーク概念と SDGs

災害多発社会において減災を考える時，災害ソーシャルワーク論の体系化と偶発的危機に力を発揮できるソーシャルワークの展開が求められる。災害多発社会に向き合う**ドミネリの「グリーンソーシャルワーク」概念**は，ソーシャルワーク研究の分野で世界的に注目されている。

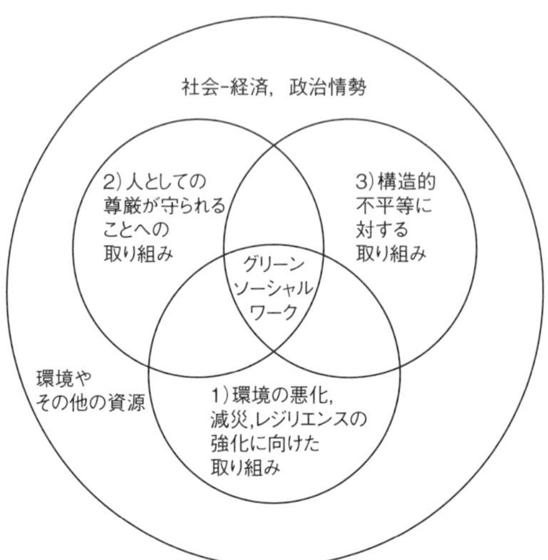

出所：レーナ・ドミネリ（2014）

図15-２　ドミネリによる「グリーンソーシャルワーク」概念

グリーンソーシャルワーク概念（図15-２）では，１)**ソーシャルワークは環境の悪化，減災，レジリエンスの強化**等，まず目の前の課題に取り組むことの必要性を述べている。また，それに加えて**地球規模の視点**で，**環境や資源のバランス**を考えながら，**社会と経済や政治情勢**を踏まえ，２)**人としての尊厳の保障への取り組み**，３)貧困をはじめとする**構造的不平等に対するイノベーティブ（革新的な）な取り組み**が必要であること，を強く訴えている。

またドミネリは**貧困を「絶え間なく起きている災害」**と捉え，グリーンソーシャルワーク概念は災害時だけでなく，日常的な地域生活支援にも適用できると述べている。グリーンソーシャルワークは個人や地域の困難を解決するだけでなく，当事者の**主体的参加**を促し，当事者の**レジリエンスを引き出し**，**脆弱化する地域福祉の基盤強化に貢献**する可能性をも有している。さらにそれは地球規模の貢献へと続く。

持続可能な開発目標（SDGs：Sustainable Development Goals）は2030年までに持続可能でよりよい世界を目指す国際目標を指し，2015年9月の国連サミットで加盟国の全会一致で採択された。17のゴール，169のターゲットから構成され，**地球上の「誰一人取り残さない」**ことを誓っている。貧困，飢餓，健康・福祉，教育，ジェンダー平等，安全な水とトイレ，クリーンエネルギー，働き甲斐と経済成長，産業と技術革新，平等な社会，まちづくり，消費，気候変動，海洋，陸，平和と公正，パートナーシップという17目標は，いずれも地域福祉の課題でもある。これまでの地域福祉実践の蓄積や経験を**地球規模の視点**で，**社会構造の改革という視点**で改めて評価する作業も重要である。

ドミネリ（2020）は世界規模のパンデミックの中で，「グリーンソーシャルワーカーには地球全体（物理的環境とそこに住むすべての命）を慈しみ，二酸化炭素の少ない，持続可能で強靭なコミュニティを創る責務があり，それらは社会正義と連帯主義のもとで遂行されなければならない」とソーシャルワーカーへの期待と可能性を述べている。

6. 本当の地域福祉を目指して
―「制度的保障」と「直接的市民参加」

新型コロナウイルス感染症のパンデミックは，全国各地で培われてきた地域福祉実践の力を試しているかのようにみえる。震災や豪雨災害等の自然災害，過疎による人口減少，人のつながりが希薄になる都市社会等，現代社会が抱えるさまざまな生活課題に対して，地域で暮らす人たちが当事者となり，知恵を出し，協力して地域づくりを行ってきたが，新型コロナウイルス感染症によるパンデミックはさらに新たな課題を私たちに突き付けている。生活資源が不足し，支援につながりにくい人たちが，パンデミックの犠牲となってはいないだろうか。コロナ禍で格差社会が顕在化する中，私たちには**立場の異なる人に対する理解**を深め，また**社会正義のもとで不平等をもたらす社会構造に気づき，その是正**を求める行動を起こし，この危機的状況を乗り切っていかなくてはならない。

本書では，全国各地にみる具体的な実践事例を示しながら，地域福祉

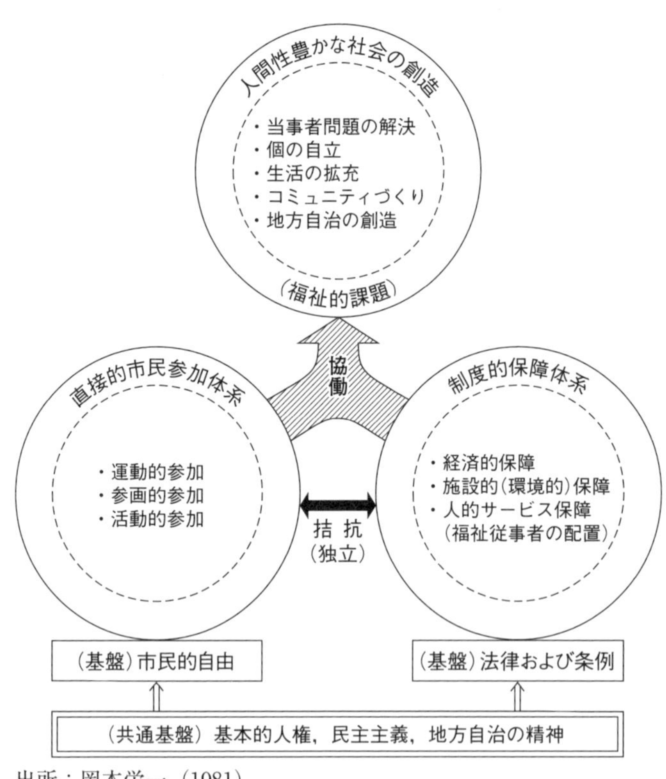

出所：岡本栄一（1981）

図15-3　「制度的保障」と「直接的市民参加」との関係

の現状と課題を議論してきた。本書のしめくくりとして，岡本栄一が示した「制度的保障」と「直接的市民参加」の関係を引用したい（図15-3）。

岡本（1981）は福祉的課題を解決し，人間性豊かな社会を創造するために，**「制度的保障体系」**と**「直接的市民参加体系」**の2つが必要であることを説いている。両者は緊張関係にあり，時には拮抗（相対抗して互いに屈しないこと）し，サービス供給面では協働することで地域づくりが行われていく。

「制度的保障体系」は社会保険制度や生活保護法等による生活保障，社会福祉関連法によるサービス支援の保障等が含まれる。「直接的市民参加体系」は地域住民が協働して生活課題の解決に取り組むことを意味する。制度的保障体系が間違った方向に向かおうとした時，「直接的市民参加体系」が歯止めをかける。

地域福祉は，地域住民による主体的参加と制度的保障の両輪で成り立つ，包括的概念であり，どちらが欠けても成立しないのである。

◎学習課題◎

1．社会的孤立が社会的課題とみなされる理由をまとめてみよう。
2．困難を抱える人たちの自立支援とは何か，考えてみよう。
3．「協働のパートナーとしての市民」と「自発性を強要される住民」の違いについて，本書の地域福祉実践を例に考えてみよう。
4．コロナ禍での生活困窮者支援のあり方について，グリーンソーシャルワーク概念の視点で考えてみよう。
5．「制度的保障」と「直接的市民参加」の両立について，本書の地域福祉実践を例に考えてみよう。

参考文献

・Dominelli, L.（2012）*Green Social Work.* Polity.（＝上野谷加代子・所めぐみ監訳（2017）『グリーンソーシャルワークとは何か：環境正義と共生社会実現』ミネルヴァ書房）
・Dominelli, L.（2020）*Surviving Covid-19: Social Work Issues in a Global Pandemic*（*Child Protection and Welfare, Social Care*）（＝永井信子訳（2020）「新型コロナウィルスとの闘い：パンデミックにおけるソーシャルワークの課題（児童保護と福祉，社会的ケア）」，Stirling: Stirling University. Published as Open Access.
・一般社団法人社会的包摂サポートセンター（2015）『相談支援員必携　事例でみる生活困窮者』中央法規出版株式会社
・岩田正美（2016）『社会福祉のトポス：社会福祉の新たな解釈を求めて』有斐閣
・レーナ・ドミネリ著，所めぐみ訳（2014）「グリーンソーシャルワーク，今こそ社会開発と環境正義への鋭敏なまなざしで，実践パラダイムの再考を」全国社会福祉協議会編『月刊福祉』第97巻第10号
・牧里毎治監修／豊中市社会福祉協議会編（2010）『社協の醍醐味：住民と行政とともに創る福祉のまち』特定非営利活動法人全国コミュニティライフサポートセンター（CLC）
・岡本栄一（1981）「ボランティア活動をどうとらえるか」大阪ボランティア協会編『ボランティア：参加する福祉』ミネルヴァ書房
・Pestoff, V.（2018）*Co-production and public management: citizenship, governance and public service management.* Routeldge.
・斉藤弥生（2020）「「共助」再考とニュー・パブリック・ガバナンス」上野谷加代子編『共生社会創造におけるソーシャルワークの役割：地域福祉実践の挑戦』ミネルヴァ書房
・社会福祉法人豊中市社会福祉協議会（2018）『豊中市社会福祉協議会が進める社会資源開発シリーズ①豊中あぐり』特定非営利活動法人全国コミュニティライフサポートセンター（CLC）
・武川正吾（2020）「地域福祉の主流化その後：地域福祉と多文化共生社会」上野谷加代子編『共生社会創造におけるソーシャルワークの役割：地域福祉実践の挑

戦』ミネルヴァ書房

参考資料

・ホームレスの実態に関する全国調査検討会（座長：岩田正美・日本女子大学教授）(2012)「平成24年ホームレスの実態に関する全国調査検討会報告書」
・厚生労働省（2021）「ホームレスの実態に関する全国調査（概数調査）」
・厚生労働省「生活困窮者自立支援制度」
https://www.mhlw.go.jp/stf/seisakunitsuite/bunya/0000073432.html（2021年６月１日アクセス）
・*Loneliness is a serious public-health problem*. The Economist Sep 1, 2018 edition.
・内閣府（2020）「第９回高齢者の生活と意識に関する国際比較調査」
・滋賀の縁創造実践センター・社会福祉法人滋賀県社会福祉協議会（2021）『滋賀県における生活福祉資金緊急小口資金等の特例貸付利用世帯の状況（コロナ禍における生活困窮者に関する調査研究／令和２年度レポート』http://www.shigashakyo.jp/library/lb1869/（2021年６月１日アクセス）
・WHO 統計

索引

●配列は五十音順。＊は人名を示す。

●さ　行

●た　行

●な　行

●は　行

●ま　行

分担執筆者紹介

（執筆の章順）

藤井　博志（ふじい・ひろし）

・執筆章→3・4・5・6

1959年生まれ
1982年　同志社大学文学部社会福祉専攻卒業
2013年　同志社大学社会学部社会福祉学科後期課程満期退学
2016年　博士（社会福祉学）（同志社大学）
　大阪府立大学講師，神戸学院大学教授を経て
現在　関西学院大学人間福祉学部教授
専攻　社会福祉学（地域福祉論）
主な著書　『コミュニティワークスキルアップ講座』（単著）全国社会福祉協議会地域福祉推進委員会
　『市民がすすめる地域福祉のすすめ方』（監修・執筆）CLC
　『地域共生の開発福祉』（共著）ミネルヴァ書房
　『地域福祉のはじめかた』（編著）ミネルヴァ書房
　『地域福祉ガバナンスをつくる』（共編著）全国社会福祉協議会

吉岡　洋子（よしおか・ようこ）

・執筆章→10・13

1977年生まれ
2001年　大阪外国語大学外国語学部（スウェーデン語科）卒業
2007年　大阪大学大学院人間科学研究科ボランティア人間科学講座博士後期課程修了
　博士（人間科学）
　頌栄短期大学保育科准教授，エーシュタ・シュンダール大学客員研究員（スウェーデン），大阪大学大学院人間科学研究科特任准教授を経て
現在　関西大学社会学部教授
専攻　社会福祉学（地域福祉研究，市民社会論，子ども家庭福祉）
主な著書　『子どもの豊かな育ちを支えるソーシャル・キャピタル』（共著）ミネルヴァ書房
　『新 世界の社会福祉 第3巻北欧』（共著）旬報社
　『スウェーデン 自律社会を生きる人びと』（共著）早稲田大学出版部

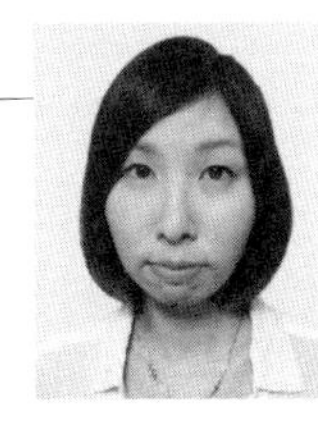

佐藤　桃子（さとう・ももこ）

・執筆章→12

1986年生まれ

2009年　神戸大学国際文化学部卒業

2016年　大阪大学大学院人間科学研究科博士後期課程修了
博士（人間科学）
日本学術振興会特別研究員（PD）を経て

現在　島根大学人間科学部講師

専攻　社会福祉学（子ども家庭福祉，地域福祉）

主な著書　『子どもと地域の架け橋づくり　滋賀発子どもの笑顔はぐくみプロジェクトがつなぐ地域のえにし』（共編著）CLC
『新版 よくわかる地域福祉』（共著）ミネルヴァ書房
『地域が抱える“生きづらさ”にどう向き合うか（山陰研究ブックレット９）』（共著）今井印刷

編著者紹介

斉藤　弥生（さいとう・やよい）

・執筆章→1・11・12・13・14・15

1964年生まれ
1987年　学習院大学法学部政治学科卒業
1993年　スウェーデン国立ルンド大学政治学研究科修士（行政学）
2013年　博士（人間科学）（大阪大学）
大阪外国語大学外国語学部（スウェーデン現代社会論）助手，講師，助教授を経て
現在　大阪大学大学院人間科学研究科教授／放送大学客員教授
専攻　社会福祉学（地域福祉，高齢者介護研究）
主な著書　『スウェーデンにみる高齢者介護の供給と編成』（単著）大阪大学出版会
『福祉ガバナンスとソーシャルワーク—ビネット調査による国際比較』（共編著）ミネルヴァ書房
Eldercare Policies in Japan and Scandinavia: Aging Societies East and West（共編著）Palgrave macmillan
『体験ルポ日本の高齢者福祉』（共著）岩波新書

小松理佐子（こまつ・りさこ）

・執筆章→2・7・8・9

1964年生まれ
1987年　日本社会事業大学社会福祉学部児童福祉学科卒業
1997年　東洋大学大学院社会学研究科社会福祉学専攻博士後期課程満期退学
2011年　博士（社会福祉学）（東洋大学）
社会福祉法人東京都民生児童委員連合会主事，中部学院大学人間福祉学部助教授を経て，
現在　日本福祉大学社会福祉学部教授／放送大学客員教授
専攻　社会福祉学（社会福祉運営管理，地域福祉）
主な著書　『生活支援の社会福祉学』（共著）有斐閣
『社会福祉の理論と運営』（共著）筒井書房
『対論　社会福祉学②社会福祉政策』（共著）中央法規出版
『現代社会福祉の史的分析』（共著）中央法規出版

放送大学教材　1519387-1-2211（テレビ）

地域福祉の課題と展望

発　行　　2022年3月20日　第1刷
編著者　　斉藤弥生・小松理佐子
発行所　　一般財団法人　放送大学教育振興会
〒105-0001　東京都港区虎ノ門1-14-1　郵政福祉琴平ビル
電話　03（3502）2750

市販用は放送大学教材と同じ内容です。定価はカバーに表示してあります。
落丁本・乱丁本はお取り替えいたします。

Printed in Japan　ISBN978-4-595-32333-1　C1336